真希望从我 6岁起，父母能理解这些事

[德] 劳拉·弗勒利希◎著

黄羽欢 熊楚昕◎译

Wackelzahnpubertät

北京科学技术出版社

著作权合同登记号　图字：01-2023-2384

图书在版编目（CIP）数据

真希望从我6岁起，父母能理解这些事 / （德）劳拉·弗勒利希著；黄羽欢，熊楚昕译. —北京：北京科学技术出版社，2023.11

ISBN 978-7-5714-3047-4

Ⅰ. ①真… Ⅱ. ①劳… ②黄… ③熊… Ⅲ. ①儿童教育 – 家庭教育②青春期 – 家庭教育　Ⅳ. ①G782

中国国家版本馆CIP数据核字（2023）第079747号

策划编辑：	郭　爽
责任编辑：	蔡芸菲
责任校对：	贾　荣
封面设计：	异一设计
图文制作：	辰安启航
责任印制：	吕　越
出 版 人：	曾庆宇
出版发行：	北京科学技术出版社
社　　址：	北京西直门南大街 16 号
邮政编码：	100035
电　　话：	0086-10-66135495（总编室）
	0086-10-66113227（发行部）
网　　址：	www.bkydw.cn
印　　刷：	三河市华骏印务包装有限公司
开　　本：	880 mm × 1230 mm　1/32
字　　数：	102 千字
印　　张：	7.875
版　　次：	2023 年 11 月第 1 版
印　　次：	2023 年 11 月第 1 次印刷
ISBN 978-7-5714-3047-4	

定　价：69.00 元

目　录

四个诀窍：与换牙期的叛逆孩子轻松相处

一、好好说话：与小叛逆者们平等地沟通　　11

四、承担责任：创造和睦的家庭生活　　98

六个主题：解决换牙青春期的教养难题

五、好好吃饭：培养让孩子受益一生的饮食习惯　127

欢迎进入混乱期

不要害怕换牙青春期！这将是一段紧张、感人、美好的时光。虽然有时你会感到身心俱疲，但陪着孩子度过这段时光，你会收获许多意想不到的快乐。

当你拿起这本书时，家里也许发生了许多烦心事。就我自身经验而言，在有换牙期儿童的家庭里，人们从不会感到无聊。我处于换牙期的孩子们经常让我感到诧异：不久前他们还是滑稽地牙牙学语、骑着滑板车滑来滑去的小宝宝，过了五岁生日之后突然就成了"不听话"的孩子，任何事情都要跟我争论。有些时候他们的行为成熟得让我震惊，但有时他们又像小时候那样奶声奶气地说话，这种变幻无常的不安情绪总让我联想到青春期。如果情况从换牙期开始就一团乱麻，那我接下来该怎么办呢？

我的孩子怎么了?

孩子变得不安的原因之一可能是他们快要上小学了。孩子意识到有些东西正在改变，大人们都开始和他谈论"严肃的生活"了。他感到不安也就不奇怪了，因为即将来临的一切与他的设想并不相同。五到十岁的阶段被称为"换牙青春期"，这是因为孩子们在这一阶段会发生明显的变化，他们开始变得叛逆、总想和人争论，并且十分敏感。

在这个阶段，孩子的身心发生了许多变化，外界对他们有了更多期待，而他们还无法完全理解或者清晰地表达自己的感受。这些变化带来的困惑让他们感到担忧甚至害怕。因此，他们表现出相当复杂的心态，这是自然且正常的。

处于换牙青春期的儿童很想快点长大，这件自然而然的事情是他们成长过程中的一部分，并且每个人的成长速度各不相同。在这个过程中，孩子需要父母给予他们爱、理解与支持，尤其需要得到父母的尊重。正是因为他们想得到重视，才不停地与父母争论并坚持自己的观点。这给我们带来许多挑战：有时需要我们忍耐，有时又需要我们察觉人际关系的细微变化。这对于我们来说并不容易，因为我们小时候可能并没有受到过父母的足够重视。我们的父母可能经常给我们施加压力或惩罚，我们与当今孩子的成长方式完全不同。对此，我能告诉你的是：如果用这两种"老方法"和孩子相处，那么双方都会感到疲惫且备受折磨。

新的道路

我们可以换个方法寻找问题的答案。为什么父母经常会因为同样的原因和孩子发生争吵？父母该如何减少这些争执和冲突？如果不惩罚孩子，他们能否遵守家庭规则？为什么孩子总是磨磨蹭蹭？为什么他们无法理解秩序？家长可以给孩子多少自由？能允许他们使用哪些数字媒体？为什么孩子今天想要长大，明天又想被当成小宝宝对待？

我是三个孩子的母亲，其中两个正处于换牙青春期。我花了很多时间和他们交流并安抚他们的情绪，在这个过程中我也常常感到烦恼。和这些处于换牙期的小叛逆者们相处并不容易，但同时，陪着他们长大也是一件充满乐趣的事情。

丹麦家庭治疗师杰斯珀·尤尔（Jesper Juul）曾说："杰出的父母每天至少会犯20个错误。"我们做不到在所有情况下都按照教育学阐述的方法与孩子相处，这是再正常不过的事情。我们都是普通人，都有感到厌倦和烦闷的时候，如果你对孩子有时没那么温柔，也无须苛责自己。当我收集建议、写这本书的时候，我也会偶尔因为孩子影响了我的工作而对他们发火。事后我才意识到自己的行为不够友善，会请求孩子的谅解。

本书的主要内容

你手中的这本指南将会陪伴你度过孩子的换牙青春期。我在书中记录了自己的经验，提供了许多实用的建议。此外，书中还附有专家们对孩子行为的解释，这些都能给你提供帮助。

在本书的第一部分，你将了解到一些和孩子一起生活的重要基础知识，如：为什么沟通如此重要？我们如何才能平等地对待孩子？此外，我还分享了帮助孩子变得坚强、自信的建议。之后我们再来谈谈性别话题：如何养育男孩和女孩，帮助他们摆脱社会的刻板印象，自由地选择生活方式。

这部分最后的主题是家庭和睦，对此你一定很关心。与处于换牙青春期的孩子相处很容易发生冲突，但这根本不是什么悲剧。我敢打赌，每个家庭都会有争吵。我的建议是你们可以在家庭会议上一起制订规则，大家约定都要遵守这些规则，这也是父母和孩子互相尊重的表现之一。

第二部分将会涉及生活中的一些问题，例如当孩子不喜欢蔬菜而且一直埋怨饭菜不好吃时，父母该怎么办。此外，我还有一些好建议，比如，如何向孩子们解释那些令你尴尬的事情。我们还会讨论如何帮助孩子逐渐走向独立，同时理解孩子时不时想成为小宝宝的愿望。我还会和你分享孩子学龄前和小学期间的注意事项、兴趣爱好对于孩子的重要性，以及数字媒体这个当下非常重要的话题。

我不会在书中发表任何道德观点。对你的孩子来说，你才是唯一的专家，你最清楚怎样做对他/她最好，你只需要把那些觉得有用的建议运用到生活中。

我在文章开头描述了一些日常情景，你很快就会发现我的做法也不完美。现在回想起来，当时我应该换一种方法。但我也只是一个普通人，需要不断学习、练习如何与孩子们好好相处。你可以从我的反思以及不断改进的做法中了解如何更好地面对孩子。

你可以随机阅读这些文章，或者按照目录的顺序阅读。书中的"→"表示在本书的其他部分还有相关的信息。在"小盒子"里有些可以直接使用的日常建议，此外，我们在讨论孩子时也不能忽视父母的需求，"盒子"中的"父母休息时刻"是专门写给你的建议，因为我们不得不承认和处于换牙青春期的孩子一起生活有时真的令人筋疲力尽。

你可以做到！

我希望你能对与孩子相处的美妙时光充满期待！见证孩子

人格的形成是个神奇的过程：婴幼儿的举止非常相似，但是随着孩子的成长，他们的行为逐渐展示出真正的个性。有时我们会感到很惊讶：孩子的个性从何而来？他们为什么对某一个特定事物感兴趣？他们为什么喜欢艺术、体育或者书籍？他们的天性能够打动我们，我们偶尔也会对他们感到敬佩。同时，孩子也很需要我们，尽管他们迫不及待地想长大，但他们仍然是孩子。

他们需要我们的尊重，希望我们能接受他们真实的模样。这也是我们所需要的，不是吗？当我和孩子吵架时，我会问自己：在这样的情况下，我希望别人怎样对待自己？通常这样的思考方式能使我更快地意识到孩子们的需求。

换牙青春期是一个变化期，小孩子变成了大孩子，他们正在一步步地走向独立。我们给了他们能够飞得更远的翅膀，同时也要让他们知道：家庭永远是他们温暖的港湾。在本书中，我也会介绍换牙青春期的发展方向。孩子需要尊重和自由，我们也需要信任孩子。如果能在换牙期就为信任打下基础，那么未来孩子的发展也会更加顺利。接下来，让我们和孩子一起踏上这激动人心的旅程吧！

希望你能从阅读中获得快乐

劳拉

四个诀窍：与换牙期的叛逆孩子轻松相处

一、好好说话：与小叛逆者们平等地沟通

在孩子进入换牙青春期之后，同孩子的沟通就变得困难起来。他们变得更顽皮，喜欢与兄弟姐妹争吵。对此，我们除了惩罚，似乎别无他法。在本章，我将与你分享成功沟通的经验。只要遵守一些规则，争吵就没那么糟糕。此外，你将学会如何更好地接受孩子之间的冲突。同时，我会告诉你，为什么我认为惩罚没有作用，与此相反，我们应该学会平等地与孩子沟通。

"收拾你的房间！""不！"——与换牙青春期儿童要好好沟通

我走进吉米的房间，整个屋子都乱糟糟的。我一迈腿就踩到了他的足球玩具，我生气地大喊："这都成什么样了？！

现在就收拾你的房间！"我的儿子一边玩玩具，一边回答：
"不，我正在玩足球游戏。"

"那你就待会儿收拾！"我愤怒地说。

"不行，待会儿我要去找芬恩玩。"

我们争论不休，我越来越生气。我感到非常无助，愤怒地
吼道："在你收拾好你的烂摊子之前，哪儿都别想去！"

吉米大喊："出去！"

我摔门而出，想去外面喘口气。

或许你很熟悉这样的场景，是不是你也时常觉得突然不
认识自己的孩子了，并且因此感到生气、无能为力？同处于换
牙期的小叛逆者们争论几个小时常常会让父母发疯。不久之
前，他们还能至少在吃饱睡足时对父母言听计从，但过了五岁
生日，他们就开始质疑一切。他们觉得打扫房间是一件愚蠢的
事情，不再愿意帮忙收拾桌子，并且想要晚上开着灯睡觉；他
们不再想把零花钱放进存钱罐里，只想购买一些看起来没用的
玩具；跟他们讨论家庭活动也很费劲，因为他们开始觉得游乐

场也很无聊，下午也不再想和兄弟姐妹们一起外出游玩。以前他们至少会噘着嘴不情愿地与我们一起出门，现在我们得拿着水桶、铲子和水壶站在门口和他们沟通。这些沟通很快就会变成争吵。如果你因此感到沮丧，觉得自己犯了错，那我要告诉你：许多这个年龄段的孩子都是这样的，你并没有错。

重要的成长阶段

“换牙青春期”这个词精确地描述了这一阶段。一看到这个词，父母们很快就能明白，它是指与换牙期重合在一起的叛逆期。随着第一颗牙齿的松动，孩子们身上发生的变化也越来越多，但原因并不像真正的青春期那样在于激素水平，而是孩子面对生活中的各种变化做出的反应。总体而言，这是一段令人激动的时光：他们已经不再是小孩子了，但也还没长大。孩子在学龄前和小学阶段经历的事情会改变他们的生活，这让他们对未来满怀期待，但也充满了恐惧：“我的生活将会发生什么变化？上学将会给我的人生带来什么改变？”也许确实有孩子可以轻松从容地接受这些变化，但几乎所有的孩子都非常乐于探索自己的个性，而不再乖乖遵守所有规则。

作为父母，我们需要知道其他父母也曾面临同样的挑战，其他孩子在这一阶段也会出现类似的不寻常的表现。换牙青春期是你能在生活中观察到的孩子在成长中迈出的重要一步：对于一些话题，他逐渐拥有了自己的观点；他会保护自己的隐私，并开始寻求与同龄人的接触和联系。孩子会因为感觉自己受到了冷落，或者父母没让他参与家庭决策而生气，例如孩子会因为度假问题拉长了脸：这个假期父母决定和往常一样去波罗的海度假，而他更想和同学们一样去温暖的南边。虽然幼儿也并不喜欢收拾房间，但他们从不质疑收拾房间的意义，而处于换牙青春期的孩子则会说："我到底为什么必须要做这个？这是我的房间，我的地盘我做主！"这一阶段的孩子需要父母的倾听，想要拥有共同决策的权利，这对他们来说非常重要，而且这也是完全合理的！

◎ 质疑一切

你是否会因为与处于换牙青春期的小叛逆者们永无止境的

争吵而感到厌烦甚至绝望？对我来说，这样的事常常发生。但如果我们认真想想父母和孩子之间的沟通情况，很快就能发现争吵次数和孩子年龄的增长有关。

让孩子感受到父母对自己的重视从一开始就很重要。婴儿在医院里接受医生检查时能得到母亲的陪伴和安慰；幼儿不能使用锋利的餐刀，父母会向他们解释什么是危险，并递给他一把儿童餐刀。这些做法是父母给孩子的信号，表明父母发现孩子需要安慰或者保护，并且会竭尽所能地满足他们的需求。对换牙期儿童来说，感到自己被重视同样重要。孩子们非常渴望我们能明白他们的观点和需求，如果我们忽视他们，肆意使用父母的权力，他们会为此大发脾气。

◎ 个性的发展

这个年龄段的孩子会逐渐发现自己的个性，他们意识到自己是独一无二的，"我"与"你"并不相同。有的孩子喜欢运动，有的孩子则喜欢绘画；有的孩子很害羞，有的孩子则想成为人群中的焦点。孩子们意识到自己是有愿望和需求的独立个体，并且希望父母也这样看待他们。这种自我意识需要父母的保护，因此"为自己辩护"是成长中的重要一步。在成人世界中，孩子顶嘴会被看作调皮无礼的行为，但其实这可能只是孩子在用不恰当的语气表达他们的想法。只有我们先用互相尊重的语气和孩子交流，他们才能学会用正确的语气说话。

◎ 沟通是必要的

我们都希望孩子可以成长为坚强的人，能坚持自己的观点。现在正是你鼓励孩子变得勇敢、坚强的好时机，因为换牙青春期为他们开启了一个特别的人生阶段。实际上，你从现在开始必须更频繁地同孩子讨论，向他们解释、阐明他们必须做某事的原因，并且偶尔也要坚持你自己的观点。你需要和处于换牙青春期的孩子平等地交谈，告诉他尽管你有时没有按照他的想法去做，但你也认真考虑了他的观点，这样你们才能长期和平相处。

日常生活的建议

孩子自己的房间确实是一个私人空间，但是有时孩子可能也想邀请你来房间看看。这样你们可以借机讨论一下，双方是否能对基本秩序达成一致，例如你睡前道"晚安"时不想踩到地上乱放的玩具，以及孩子是否可以不把脏衣服扔在地上，留一条宽一点的干净过道。大家各让一步，谁都不吃亏，这样双方都可以接受。（→参见第98页"承担责任：创造和睦的家庭生活"）

◎ 一个简单的办法

你可能会问，打扫房间等讨论过的问题是否可以一次性得到解决？或许不行。因为处于换牙期的小叛逆者们很快就会忘记讨论的原因，反复讨论同一个话题是和孩子们一起生活的常态。如果你提醒孩子曾经达成的一致意见，他们就会知道遵守约定是一件公正的事情；如果你一直以来都表现得很公正，那么他们很快也会这么做，孩子们会潜移默化地从经验和榜样中学习。也许你们需要从头讨论，但是不得不承认：就算我们展示父母的权力并发布禁令，也还是躲不掉该有的沟通。通过公平的亲子沟通，孩子能够学会讨论，平等地交换意见，以及尊重对方。这种待人接物的方式能让他们终身受益。

日常生活的建议

当然有时候我们并没有时间讨论。当你有个约会或者赶时间的时候，详细地和孩子讨论房间的清洁问题或者选择哪双凉鞋更好就不太合适了。这时你需要迅速找到一个有创意的应急方案（如暂时保持房间的原貌或者带两双凉鞋），等到晚上再讨论。你可以在晚餐、躺在沙发上休息以及道"晚安"的时候，再与孩子安静地讨论这些问题。

"你是世界上最坏的妈妈！"——学会正确地争吵

我对女儿说："露易丝，今天你要去上马术课，我们得马上出门了。"

她说："今天我不想骑马，上马术课好累。"

我说："不行。我们已经交了马术课的学费，你现在必须去上课，不然钱就白交了。"

露易丝变得很生气，愤怒地喊道："我就是不想去！"

我也生气地说："你做事总是一时兴起，然后很快就不喜欢了。"

露易丝大吼："你是世界上最坏的妈妈！"

我们都渴望拥有一个和谐、氛围良好、人人满意的家庭。但说句实话，没有争吵的家庭压根儿不存在。从五岁开始，孩子会频繁地跟我们争吵。处于换牙期的小叛逆者们有了自己的诉求，并且懂得了要表达自己的想法。

◉ 争吵需要学习

避免所有的争吵不仅不可能，而且也不是什么好主意。如果所有家庭成员都能在争吵的时候遵循规则，那么冲突并不会加剧，相反，还有利于维持长期的家庭和睦。孩子们必须学习争论，不然他们怎么能学会表达自己、解决冲突呢？在他们年龄更小的时候，争吵对他们而言是一件困难的事情，面对冲突事件，他们只能用愤怒、叛逆，甚至咬人来回应。

　　孩子在五岁以后通常不再表现得强硬无礼，也有了换位思考的能力，但对他们而言，讨论问题并达成一致、一起解决冲突仍然非常困难。这涉及一个学习的过程，这个过程对成年人来说也并不容易。掌握争论的方向，避免将它升级为无法解决或具有攻击性的矛盾，这是大人和孩子共同的任务。

◎ 暂停一会儿

　　如果在争吵时你感到很生气，不如先暂停一会儿；当我们摔门时，不如就让它暂时关着。这样大家都可以喘口气，冷静一下。这时，你可以向孩子提议："我们半小时之后再说这件事，可以吗？"

◎ 避免使用"你……"的句式

当接连听到一大串以"你"开头的句子时，我们都会感到很不舒服，更不用说加上"总是""从不"这样的字眼。在前文提到的例子中，我指责女儿："'总是'很快就提不起兴趣。"这样的表达过于刻薄、笼统和武断，难怪她会因此生气。争吵时的重要规则之一是使用以"我"开头的句子，以避免不必要的侮辱或贬低。你要谈论自己，而不是评判对方。当你和孩子发生争论而导致冲突一触即发时，你只谈自己对事情的看法，通过这种方法的日积月累，孩子将会慢慢地学会站在你的立场上思考，并且认同你的需求。

◎ 表达情绪

如果你已经学会了只谈自己的感受，那么再学习一下如何表达情绪吧。在和露易丝的对话中，我应该说："如果马术课取消，我就会很生气，因为我已经付了学费。"这样我的女儿就能理解我生气的原因，并将这一原因与当时的状况而不是与她个人联系到一起，而且这样的方式也能让我们更关注彼此的感受。此外，争吵时我们也要问问孩子："你刚才为什么那么生气？"

◎ 找到解决方法

设想一下，你会如何解决和同事之间的争执？你们可能会努力尝试在一定程度上尊重对方，因为你们还得继续共事，就算看法不尽相同，你们也一定会找到一个折中的办法。和孩子争吵也是一样。就我的经验而言，双方妥协可以迅速缓和紧张的气氛。你可以问问孩子有没有解决问题的办法，他们其实常有别出心裁的想法。如果他们发现，我们愿意站在他们的角度去思考，那么达成和解会比我们想象的更加容易。

◎ 表达歉意

当我们对待孩子有失公允时，需要真诚地道歉。作为母亲，我常常后悔自己对孩子说了一些刻薄的话。接近孩子，并真诚地请求他们原谅，这对他们来说是一个很好的信号。要注意，我们在道歉时常用的转折句式会削弱请求原谅的语气，最好的做法是只请求原谅而不提任何孩子的过错。当孩子看到你不带任何附加条件地请求他们原谅时，他们也会很快学会这种请求原谅的方式。

父母休息时刻

你是否有时没心思和孩子讨论，因为没有兴趣、没有时间或者太累了？这是完全正常的，而且可以理解，因为我也有同感。这时我们得告诉孩子，我们现在不想和他讨论任何问题。处于换牙期的孩子不仅应该学会表达自己的需求，也需要学会尊重他人。

◎ 当同样的矛盾反复出现

父母和处于换牙期的小叛逆者们总是会为令人心烦的问题反复争吵，如做事拖沓、不整理房间、兄弟姐妹之间的争执或者不做家庭作业等，仅仅是一些小事就会点燃所有人的怒火，并给大家造成伤害。调节家庭气氛是父母的责任，恰当地处理家庭矛盾亦然。你需要花点时间静下心来来想想，生活中哪些时刻容易发生冲突？争吵时哪些句子会反复出现？把这些句子写下来，看看它们给你的感受如何。你可以试着重新表述一下这些句子（→参见第21页"避免使用'你……'的句式"以及"表达情绪"）。当气氛缓和后，试着和孩子谈谈那些反复出现的冲突。问问孩子，他们认为是什么导致了争执？我们完全可以尝试平等地对待孩子，并和他们一起寻找解决方案。

日常生活的建议

和孩子一起想一个有趣的提示词来指称反复出现的争吵话题，比如"疣猪"（Warzenschwein）代表家庭作业的问题，"屁屁土豆"（Pupuskartoffel）代表整理房间的问题。一旦争吵升级，你们就说出这个词。我保证，这时你们会开始大笑，并且暂停争吵。此时可以赶紧回想一下，你们之前是怎么约定的，试着实施你们约定好的解决方案吧！

"你真是个坏妹妹！"——忍受孩子之间的争吵

"骑马好傻啊！"吉米一大早在餐桌上大喊。

露易丝愤怒地喊道："踢足球更傻，你是世界上最笨的哥哥！"

吉米把涂了果酱的面包扔到妹妹身上，露易丝吓得从椅子上摔了下来。这种场景在多孩家庭中实在是太常见了，兄弟姐妹之间打打闹闹的戏码似乎每天都在上演。

我经常想：应该不止我们家是这样，其他多孩家庭也会有类似的情况吧？当我去专门打听时，所有父母的答案都是一样的：兄弟姐妹之间基本都会争吵，尤其是在年龄相差较小的情况下。此外，我还发现：父母越是花费很多精力调解孩子的矛盾和争端，孩子之间的麻烦就越多，然而孩子之间的争吵跟父母根本没有关系。

如果孩子之间经常争吵，你要知道：（1）这是很常见的；（2）这是生活的一部分；（3）他们仍然很爱对方。吉米和露易丝的情况就是这样。让他们吵闹吧，成年人知道如何压制自己的怒火，但孩子还不会，我们不能苛求孩子像成年人一样理性。

　　关于孩子之间的争吵，我有一个很好的建议，即确定今天谁有权做选择或者决定。我们把一周的日子分配给孩子们，每一天都有一个孩子可以做决定。露易丝的时间是周一和周三，奥斯卡是周五和周六，吉米是周二和周四，周日的决定权则属于父母，这种安排是最好的！这样大家就知道今天该由谁来选择车里的歌曲或者饭后甜点。快去试试吧！

◎ 孩子之间的争吵是生活的一部分

　　孩子们在家里发生争执并不是由父母或者家庭氛围引起的。孩子之间的争吵虽然让人伤脑筋，但也很常见，这并不能表明他们之间关系的好坏。然而，我注意到，当孩子到了换牙期，争吵的频率会有所增加。我家两个处于换牙期的儿童就很容易发生争执，而且由于缺乏化解的经验、不懂得互相尊重，争执容易演变为激烈的争吵。

◎ 父母守则

这里我想向大家推荐一些已被证明行之有效的规则，它们可以使你减少怒气：

● 不要介入孩子之间的争吵。争吵时，你一般都不在现场，当双方各执一词时，你相信谁？所以别批评任何一方，也别参与讨论。你可以告诉孩子："我不能判断没有亲眼所见的事情！"

● 通过置身事外，你可以给孩子们一个信号，即你相信他们能够独立化解争执。请平静、明确地告诉他们："我相信你们能够独立解决问题。"

● 我知道，孩子们的争吵确实让人很烦，有时候我也很想把家里的"熊孩子"扔出去了事。但是当孩子们互相伤害、争吵和冲撞的时候，我们不应该总是表现得很恼火。他们只是在练习争吵，如你所知，争吵是需要学习的。

● 处于换牙期的孩子们有时会非常斤斤计较，他们经常会因为所谓的不公平而争吵。只有我们成年人以身作则，他们才能够学会慷慨大度。如果你表现得慷慨且乐于分享，那么你的孩子也会变得慷慨且乐于分享。要注意，别强迫孩子去分享，而是让他们自己体验分享与赠予的乐趣。

父母休息时刻

别掺和孩子们的争吵。告诉他们，你不想当他们的裁判。你可以想办法走开，戴上耳机听听音乐或者看看最喜欢的节目。

"怪你自己咯！吃我一拳！"——冷静对待"熊孩子"的挑衅

我和三个孩子一起在超市购物，突然吉米对他的弟弟喊道："小王八蛋！"

我惊讶得张大了嘴："你从哪里学到的这个词？！"

"学校里学到的！"他不假思索地回答。

他的妹妹又重复说了一次这个词，孩子们都笑着欢呼，吉米根本没有听我的话乖乖住嘴。有几个路人向我们投来了异样的目光。

处于换牙期的孩子很喜欢挑衅、捉弄别人。玩笑、粗话、押韵的歌谣或者兄弟姐妹之间的轻微冒犯，他们都很喜欢，有些话甚至成年人听了都会震惊得屏住呼吸。我们很担忧这样会带来糟糕的后果。事实上，孩子会潜移默化地学习父母的用语，所以如果父母尊重他们并以礼相待，孩子就算偶尔说些脏话也无伤大雅。

◎ 脱口而出

孩子天生就会探索语言的力量。当发现父母对脏话有特殊的反应时，他们会更加兴致勃勃、跃跃欲试。他们通过这种方式试探并认识道德的边界，事实上这有助于孩子更好地理解世界！我还注意到，孩子会经常使用他们学到的奇怪或不恰当的词语。此时我们最好不要花太多精力去纠正，冷静对待，告诉孩子那些话的含义，让他们知道那些话可能会伤害其他人。

对待一些粗俗的儿童歌谣也是如此。孩子喜欢押韵的话语，如果这些话跟屁和鼻涕有关，他们就会一直重复，乐此不疲。在孩子换牙期的这几年，我们可能会听见大量粗俗的笑话，但我们不必过于在意。

◎ 顶嘴和脏话

拥有挑衅父母的冲动也是孩子成长的一部分。"如果我不按照爸爸妈妈说的去做，他们会有何反应？我能在多大程度上实现我的诉求？我周围人的底线在哪里？"孩子会在一次次的尝试中了解这些问题，所获的"经验"将是他们成长路上的"百宝箱"。他们喜欢讨论并利用语言的力量，这是孩子的天性。在这个过程中，孩子会时不时地试探父母的底线，说脏话或者骂人就是他们的惯用手段。

当我们心情不好时，更容易受到孩子言语的影响。在我们对自己感到不满、没有自信、面对孩子感到无力时，那些脏话会让我们更加愤怒甚至伤心。你的沮丧是因为你照顾孩子的起居，为他做饭、打扫卫生，安慰他，而你获得的回报却是他一而再、再而三的挑衅。然而，孩子对我们恶语相向的原因可能只是前文提到的——他在试探性地使用语言并观察其效果。你可以告诉孩子，他这样做会让你伤心。此外，孩子也有可能是因为没有得到理解而表现得很"顽皮"。关于良好沟通的基础，我在后文会展开讨论。你的孩子是否会觉得不被理解或者被约束和忽视？我也会问自己：为什么在日常生活中我有时会对孩子们很粗暴？这通常发生在我感到沮丧和无助的时候。如果你的孩子一直不太尊重你，那么你就要多观察。这可能是因为孩子感到被冷落或者受到了威胁。接下来我会详细解释，为什么施加惩罚和行使父母权力只会适得其反，让孩子更加想挑衅你。（→参见第39页"这样的话今天就别看电视了！"）

在孩子的换牙期，父母常常充当着孩子愤怒或者恐惧情绪的缓冲器，但我们不必默默忍受这一切。在理解孩子和认真对待他们的感受的同时，我们也不能忽视自己的感受。如果孩子不尊重你，那么你得告诉孩子你的感觉，和他谈谈你们在家里的相处模式。（→参见第98页"承担责任：创造和睦的家庭生活"）

◎ 小抱怨鬼

在孩子更小的时候，每当我说："今天我想和你们一起去公园玩！"他们总会欢呼雀跃，但是现在我的儿子和女儿却经常抱怨我的计划很无聊。这些变化给我们的日常生活带来了不少麻烦。

你会注意到孩子在五到十岁期间不再喜欢外出和旅行。事实上，孩子希望自己能够参与讨论和决定如何度过每一天。我的建议是无论是工作日还是周末，你们最好一起讨论一下当天的安排，我相信你们一定能找到一个折中的方法。如果孩子抱怨操场太无聊了，那你可以带一个足球或者一根跳绳，也可以问问孩子到底想做什么。或者你们可以放弃计划，随性地重新安排时间。我会偶尔听听孩子对于休闲活动的想法，并将其安排在某一天进行，这样也很有用。这个办法也适用于度假，不过得看预算和交通的情况。孩子越是意识到他们在所有事情上都被认真对待，能够拥有发言权或否决权，他们最终的抱怨和牢骚就会越少。如果事情是大家一起决定的，那么每个人都会觉得开心。

"请接受我本真的样子。" ——接纳性语言的力量

我时常发现自己会对孩子这样说："吉米，你怎么又跟好朋友闹矛盾了？""露易丝，彩色衬衫和有图案的裤子一点都不搭！""今天穿雨鞋比较明智哦！""你没写作业，老师会怎么说？""不能用手吃饭！"

作为父母，我们总是认为必须要把孩子往正确的方向引导。为此，我们会采用不同的说话方式，例如：

- 命令（"现在就上床睡觉！"）

- 警告（"过马路的时候要小心！"）

- 劝告（"穿点暖和的衣服。"）

- 建议（"今天穿雨鞋不是更好吗？"）

- 教导（"你应该写得工整一些。"）

- 评价（"这个裤子和T恤不搭。"）

- 赞美（"你画得真好！"）

- 责备（"你这个坏小孩！"）

- 解读（"我看得出，你很累。"）

- 同情（"小可怜，你今天真倒霉。"）

- 盘问（"那你的老师是怎么说的？"）。

- 转移（"来吧，我们先吃个冰激凌。"）

《家庭会议》（*Familienkonferenz*）的作者托马斯·戈登（Thomas Gordon）在他的书中将这些说话方式称为"典型的十二种方法"。也许你会问：这些善意的沟通方式有什么问题吗？父母只是想给孩子最好的而已。但是我们对孩子说的所有话以及所有行为里都隐含着间接信息。当孩子悲伤哭泣时，我们告诉他，这没什么好哭的，事情并没有那么糟糕，这表明我们否认了孩子的感受，他的感觉是错误的；如果我们总是帮助孩子或者分担他的工作，其实是在告诉他，我们不相信他可以独自完成。通过这些间接信息，我们可以建立起与孩子的关系，同时也对孩子做出了评判。这些行为和言语都会给孩子留下深刻的印象，而孩子也会默默地接受我们的观点，因为我们是孩子最亲密的人，是他们生活的中心。

◎ 接受与倾听

我们该如何与孩子正确地沟通？戈登在《家庭会议》中提及的"接纳性的语言"是一个很好的方法，但这并非一朝一夕就能掌握的。你可以逐步练习，从减少"不接受的语言"开始。这个过程也与你的内心感受有关，如果你能真正接受孩子在换牙期产生的所有个人特质，那么做到这一点对你来说肯定会很轻松。

◎ 与孩子进行建设性对话

接受的一种形式是不干涉。父母总喜欢挑孩子的毛病，如指责他们的家庭作业字迹潦草，评价他们在操场上搭建的沙堡。当他们在自己的房间里无所事事时，我们总想建议他们做点什么，或者给他们的作业提意见。不论孩子是在忙自己的事还是因感到无聊而发呆，我们都不应横加干涉，只需及时了解情况即可。这样孩子就会明白他所做的事是合理的，也会明白无聊很正常，总会过去，他肯定会找到有趣的事。

日常生活的建议

下次你看到孩子在建造或者制作什么东西时，尽量不要干涉，即使你有一个所谓更好的方法。这一建议也适用于孩子自己搭配的奇怪服饰，以及他们感到无聊的时刻。

被动倾听也是一种接受的形式。如果孩子告诉我们，他在学校里和朋友吵架了，我们会担心，会忍不住对事情进行评判，或者建议他尽快和朋友和好，但也许孩子只是想说说他的心事，谈谈他的压力。因此，如果父母能认真地倾听他们的话，孩子会更高兴。

实际上，我们往往不仅想倾听孩子的话，也想和他们交谈，这很正常。那么，我们可以尝试一下主动倾听的方式。"告诉找吧"或者"这可真有意思"等简单的引导性语言可以鼓励孩子们多表达。我们需要了解孩子的感受，并以孩子的方式回应他们，以满足孩子的倾诉欲。

当孩子和你讲述他和朋友的争吵，如果你察觉到了孩子的情绪，可以对他说："你肯定气坏了吧？"如果孩子同意这一观点，他就会点点头，接着和你说下去。但也可能你不知道他的感受如何，那么你可以只谈自己的感受："这让我很难过。"这样，孩子就会自己分析发生的事情，也可能会展开来说一说以发泄情绪。这时你可以引导他进一步思考，问他："你觉得怎样才能解决这个问题呢？"也许你的孩子立刻就能找到一个方法："或许我可以明天去学校和这个朋友谈谈。"

当然，也可能你的孩子此刻并不想解决问题，而只是想反思事情的经过或者从事情中摆脱出来。这时你可以说："如果你想找人聊聊，我随时都愿意听你说。"通过这样的话语，你向孩子表明，你随时都愿意主动倾听他的故事。在不批评孩子、不使用"典型的十二种方法"的情况下，这种与孩子进行建设性谈话的方法可以习得，而且能恰当地照顾到孩子的情绪。

日常生活的建议

当你放下这本书时，就可以尝试一下以上建议的沟通方式。注意要对自己保持耐心，多练习。我们知道这并非易事，因为即便是专业的心理治疗师也要通过长期培训才能掌握这项技能。但努力是值得的，更好的沟通方式能为孩子青春期的来临做好准备。实际上，这种沟通方式适用于所有人，当你的朋友或者伴侣遇到了难事，你也可以尝试着去主动倾听，也许会有不一样的效果。

"这样的话今天就别看电视了！"——惩罚孩子没有好处

面对孩子，我经常感到很无助，因为他们总是不按我说的去做。有一次，吉米不想布置餐桌，露易丝也只想着玩。我喊道："好吧，如果你们不帮我，今天就没电视看了。"每当我无计可施时，就只能打出"家长权力"这张牌。

我以前总是这样做，而且确信这是对的，因为这样的威胁很有效，即使效果只是暂时的。第二天晚上，我又遇到了同样的问题。我能做的也只是更加严厉地威胁他们而已，那么到底怎样才能让孩子们学会自己承担家庭责任呢？

我可以告诉你：长时间依赖惩罚，一切都不会改变。也许你已经有了同样的经历。当孩子不听话时，威胁和惩罚从长远来看是行不通的，你们之间只会不断重复同样的争执，孩子会变得越来越顽皮，你的威胁也会一天比一天严厉。想一想，如果你是孩子，你会怎么做？要是你最好的朋友告诉你，如果你不打电话给她，她就不邀请你去参加她的生日聚会，你肯定也会生气吧？根据我的经验，处于换牙期的儿童比幼儿更易怒，因为他们对权力滥用的感受更加清晰。正如前文讲到的：孩子希望我们能和他们平等地讨论，而不是用惩罚和威胁来敷衍、忽视他们的需求；孩子希望我们平等、认真地对待他们，因为他们迫切地想要得到尊重。

◎ 不惩罚会怎样

如果你威胁孩子，不允许他看电视、玩手机、吃零食或者踢足球，短期内他可能会听话，但长期来看，他会对你滥用权力感到不满。随着年龄的增长，孩子们对权力越来越敏感。如果你平等地对待孩子，他就会尊重你，但平等对待并不意味着放任孩子的所作所为。作为父母，对孩子负有责任，拥有监护权，需要把握孩子成长的大方向，除了威胁和惩罚，一个家庭还可以有其他方法来达到共同的目标。

◎ 孩子并不是故意针对我们

你是否也觉得，孩子有些行为是在故意挑衅？当孩子不愿帮忙时，我总是这样想。面对独自承担的家务活，我感到沮丧，觉得自己没有得到应有的尊重和感激。家庭治疗师卡塔琳娜·萨尔弗兰克（Katharina Saalfrank）在她《没有惩罚的童年》（*Kindheit ohne Strafen*）一书中写道："当我们有了这样错误的想法时，父母和孩子之间就开始了一场（权力）争斗，而这样的结果并不是孩子真正想要的。"

如果你想让孩子帮忙布置餐桌，但孩子正沉迷玩耍而不愿帮忙，那么这时你威胁他也没用。孩子可能会为了逃避惩罚而嘟嘟囔囔地把盘子从柜子里拿出来，但他并不是发自内心地想这样做，而且也不会尊重你的劳动成果。相反，他只会想："如果我不按爸爸妈妈说的去做，他们就会行使父母的权力。我被他们拿捏得死死的，这感觉真糟糕。"孩子从换牙期开始会捍卫自己的尊严，长期来看，他们对这种无力感会表现出认命、退缩、愤怒或者攻击性的行为。我敢说，惩罚只会让孩子离父母越来越远，这种后果最迟在青春期一定会表现出来。

◎ 合作而不是对立

现在你一定想问：如果不惩罚孩子，那该怎么做呢？这时又要发挥沟通的作用了。如果你想让孩子一起做家务，可以用"我"开头的句子告诉他："我现在要做晚饭，你可以帮忙布置餐桌吗？因为我一个人做不完所有的事情。如果你能布置餐桌，那就帮了我的大忙，我们也能快点吃饭。"这样孩子就能明白，为什么你需要他的帮助。

吉米玩游戏时非常投入，不喜欢被打断，如果他想先玩游戏而不愿意帮我，我会问他可不可以游戏一结束就去布置餐桌。根据我的经验，孩子一般都很看重你的让步，并且愿意做出妥协。吉米和我约定，如果他不布置餐桌，就得在饭后收拾餐桌。卡塔琳娜·萨尔弗兰克说："如果我们放弃权力争斗，那么孩子就能获得应对类似情况的能力。首先，他积累了重要的经验（例如，当双方都能考虑对方的意愿时，就一定能找到一个解决方案）；其次，他学会了如何处理自己的情绪（例如，我现在不想布置桌子，但我晚一点儿会做这件事，因为妈妈需要我的帮助）。"

父母休息时刻

对父母来说，改变固有的习惯很难，因为我们大多数人也是在父母的威胁和惩罚中长大的，所以并不太了解和孩子相处的其他模式。改掉固有习惯，寻找新的方法并不容易。因此，我们不仅要对孩子有耐心，更要对自己有耐心。当你在与换牙期儿童的冲突中焦头烂额时，请记得及时把自己抽离出来，安静地喝杯咖啡，对自己好一点儿。

◎ 你们一定能行

放弃行使父母权力对我们来说可能会有些困难，毕竟这是久经考验的手段。没有了权力，面对孩子时我们也许会感到很无助，但我鼓励你多试试。"接纳性的语言"可以帮助你与孩子平等地对话并解决冲突。不要威胁和惩罚孩子，试着和他谈谈造成冲突的关键原因是什么。随着年龄的增长，尊严在孩子内心中的地位越来越重要，惩罚只会让孩子觉得丢脸，你被开了一张罚单时一定也有这样的感觉。在公共交通中我们不得不使用惩罚手段来对付逃票等行为，但我相信在家里面对孩子时大可不必如此。

日常生活的建议

如果你和孩子意见不同，但除了惩罚和威胁之外又找不到更好的方法，那么请你先停下来，短暂地冷静一会儿。在你没那么生气时，再试着和他用接纳性的语言交谈，同时表达你的感受。不要把冲突看作一种威胁，也不要把孩子的行为看作一种攻击。告诉孩子，你也想维护他的尊严，也想试着找到一个解决方案。这样去做，我保证你会成功!

教育难题：我的孩子谎话连篇！

几乎每个五到十岁的孩子都会撒谎。丹妮尔·格拉夫（Danielle Graf）和卡蒂亚·塞德（Katja Seide）在《最期待的完美孩子让我疯狂》（以下简称《完美孩子》）（*Das gewünschteste Wunschkind aller Zeiten treibt mich in den Wahnsinn*）一书中提到，孩子们通常在四岁时就具备从他人视角出发进行换位思考的能力。"在这个年龄段，很多孩子开始撒谎，甚至谎话连篇。"我也曾从孩子的面部表情上发现他们正在说谎。撒谎是错误的行为，如果你发现孩子在撒谎，请平和地告诉他这样不对。《完美孩子》一书的作者们认为：孩子这样做并不是出于恶意，他只是在尝试自己学到的新技能。这个年龄段的孩子会说谎，往往是因为他们希望事实如此，或者想象力发挥过了头。这时请不要辱骂你的孩子，可以和他谈谈说谎会带来什么样的后果。

如果你的孩子经常说谎，也可能是因为他犯了错，想逃避惩罚。在《完美孩子》中作者提到了一个实验：一组来自加拿大蒙特利尔麦吉尔大学的研究人员发现，父母越是用负面手段来威胁孩子不许说谎，孩子的谎言反而越多。托马斯·戈登在《家庭会议》中也写道："儿童会通过说谎来学习如何逃避惩罚，他们很快就会知道父母的底线在哪里。"这种行为的逻辑在于：那些感到自己被惩罚操纵了的孩子，也会学着通过撒谎的方式去操纵别人。这意味着如果孩子偶尔说几句假话，那也没什么大不了的；如果孩子撒谎成为一种习惯，可能是因为害怕受到父母的惩罚，这时父母就更需要好好反思一下惩罚式的育儿方法了。也许改变这种方法就是让孩子停止撒谎的最好办法！

专家问答：和叛逆的孩子积极沟通

伊莎贝尔·戈斯韦恩（Isabel Gößwein）博士是五个孩子的母亲，同时也是音乐家、小学校长、教育学者、组织顾问和父母顾问，是"鼓励教学法"方面的专家。她的主要研究领域是日常家庭生活中的非暴力沟通理念。

问：对您而言，家庭中良好沟通的意义何在？您是如何同您的孩子或者学生交谈的呢？

伊莎贝尔·戈斯韦恩博士：我和孩子的交流主要是以非暴力沟通［源自马歇尔·卢森堡（Marshall M. Rosenberg）的一种沟通理论］为基础。我也是用这一方法和婴幼儿交流的。非暴力沟通以情感和需求为主题，是一种非常用心的沟通，它能将我们和对方紧密联系起来。我会努力去体会孩子们的弦外之音，理解他们话语背后隐藏的实际需求，把那些可能导致权力争斗的表面问题放到一边，直接回应他们的真正需求。我向他们提出的"请求"名副其实，而非穿着"请求"外衣的命令。

我的基本观点是我们并没有凌驾于他人之上的权力，只有与他人共同解决问题的权利。这一观点强调个人自由，能帮助大家找到令所有人都满意的方案。在沟通中共享权利对换牙期的孩子而言尤为重要。

在非暴力沟通中，我们不做评判与比较，因为这只会令人不快。一旦我做出了评判，这意味着我并没有真正理解对方；一旦我把自己和别人做比较，我和对方也都会感到不舒服。

问：您认为孩子进入换牙期以后与父母的沟通会发生哪些变化？

伊莎贝尔·戈斯韦恩博士：在这个年龄段，孩子的生活发生了许多改变。他们离开幼儿园，走进学校。学校里有新的规定，他们必须整天都集中精力学习。当他们放学回家，回到爸爸妈妈身边时，需要父母更多的关爱和倾听。

当我们的孩子处在幼儿时期，无法正确理解或清楚地表达自己的需求时，我们经常会耐心解释并仔细询问："你渴吗？""你饿吗？""你想要什么？"等孩子到了五岁左右，可以自由表达了，我们不仅不再关切地询问，而且开始变得不耐烦。因为我们总觉得孩子已经这么大了，肯定能理解父母的要求，但他为什么就是做不到呢？有趣的是在这几个句子里就能看到我们的解读和评价——"已经这么大了""已经会说话了"。我们需要往回走一步，因为处在换牙期的孩子仍然需要大量的沟通。

因此，我们更应该问问处于换牙期的孩子："你现在需要什么？""你今天为什么那么伤心？"然后，孩子就会认真想想他们的需求，并且将这些需求告诉你，我们也就能有所收获和了解。我们常常在未询问孩子的情况下就直接以成年人的需求和眼光去看待孩子的行为。实际上，我们完全可以用"你是不是……"这样的句式来询问他们。这样孩子可能会立即表示同意，或者说出自己内心的想法，他们会觉得自己在被父母倾听着、关爱着。

我和我的学生们也有着同样的经历。今年，我第一次给一年级的孩子们上课，首要任务就是训练他们表达情绪和感受。这对孩子们来说并非易事，然而更难的是辨别这些情感背后的需求。换牙期正是孩子学着去谈论这些问题的最佳阶段。

父母应该多与孩子谈论需求和感受，通过这种方式，孩子才能学会如何表达自己。

问：为什么我们觉得孩子在换牙期越来越不听话了？

伊莎贝尔·戈斯韦恩博士：和孩子讨论时，我们有时会感到无助和无力，因为他们并不会按照我们的要求或者期望去做（请求和命令的区别）。我们把这叫作顽皮，并用道德标准去评判孩子的行为。我们想让孩子不再那么顽皮，往往就会动用父母权力让他们尽快乖乖就范。

当孩子说了令我们觉得很厌烦或者很过分的话时，家长最好后退一步，不要把孩子说的话和我们自己联系到一起，而是应该想：这与我无关，孩子对我没有任何恶意。例如，孩子说："妈妈，你好过分。"这对我们而言只是一条孩子情绪波动的信息，我们最好问问孩子："发生了什么事情？你为什么这么生气？"

有时我们会因为孩子在公共场合的"无理取闹"而感到非常尴尬，这是常见的孩子的行为被围观或被指指点点的情况。周围的人可能会说孩子太调皮了或者没教养，但我们作为家长不应该用这些道德标准来评判孩子。

问：父母在与孩子交流时还应该注意什么？

伊莎贝尔·戈斯韦恩博士：就像幼儿在两岁左右的阶段开始萌生自主意识一样，这种现象在换牙期会再次出现。环境催生了孩子强烈的自主意识，因为我们对他们的期望在小学阶段比在幼儿园阶段更高。可是他们还不清楚自己现在应该扮演什么样的角色。

他们希望能坚持做自己，但同时也很不安。

一方面他们觉得自己长大了，但另一方面他们还想回到年龄更小的时候。偶尔他们想当个婴儿，用婴儿的语气说话，希望我们为他们办好所有事情，这简直会让我们发疯。有趣的是，如果我们顺着孩子，让他们回到婴儿状态，接受他们的行为，那么他们很快就会结束这种状态。

问：父母如何应对孩子之间的争吵？

伊莎贝尔·戈斯韦恩博士：孩子在这个年龄段，兄弟姐妹之间会经常争吵。通常情况下，争吵的主题是"公平"或者"比较"。孩子们会问："为什么他总能得到这个？""为什么她总能那样做？"在我家里也是这样，例如衣服的问题。有一次我问孩子："告诉我你想要什么，你也想要一条姐姐那样的裤子吗？"通过这种方式，孩子们学会表达自己的愿望，不再互相比较。我们越是频繁地询问他们在"比较"背后隐藏的愿望，孩子就越能熟练地表达他们的愿望。否则，无休止的比较很可能会破坏兄弟姐妹之间的关系。

问：您听到孩子说脏话会怎么办？

伊莎贝尔·戈斯韦恩博士：这取决于是什么脏话。如果我的孩子或者学生说脏话，我会和他们就此谈一谈：人们在什么情况下说这些脏话？有些来源于说唱歌词，这些词汇往往很刺激。我们还可以聊聊社会如何看待这些词，以及使用这些词的人会给别人留下什么样的特定印象。

也许是因为孩子的词汇量匮乏，他们才说脏话。这时我们可以寻找一些替代的词汇，问问孩子：除了脏话还可以有哪些表达方式？

这些做法可以提高孩子对语言使用的敏感度，会使他们意识到有些词的使用是不合适的。我们不必对孩子偶尔脱口而出的脏话大惊小怪，通常可以采用不理会或者一笑了之的方式来处理。

二、尊重个性：助力孩子的独立性发展

我们无须让孩子变得强大，因为这是他们与生俱来的天性，但是我们可以帮助他们保持这种天性，让他们成长为自信的人。接受孩子本来的样子是这一发展的基础。同样重要的是不要给孩子留下童年阴影，针对这一点，我向儿科医生请教了如何才能确保孩子健康成长。在后面，我会告诉你，孩子有哪些我们通常不知道的权利。

"做我自己就很好！"——增强孩子的自信心

对我来说，接受孩子本来的样子并不总是一件容易的事。我发现我的一个孩子对音乐、动物以及自然都不感兴趣，我觉得很可惜。他最喜欢的事情只是玩桌面足球，然后认真地把结果记录下来，与他的兄弟姐妹完全不同。

你是否曾经也对孩子有过这样的想法？也许你曾问过自己：为什么孩子总是很吵闹、暴躁？为什么孩子会那么害羞？为什么他的兴趣这么奇怪？为什么他的天性和父母完全不同？有时当我们站在孩子面前，会觉得他好像来自另一个星球。他从一个可爱的婴儿变成了一个蹒跚学步的幼儿，现在他逐渐成长为一个有棱有角的孩子。他对不同的事物充满热情，有了自己的个性，也有了一些让我们感到惊讶或者奇怪的性格特征。但最关键的是我们爱孩子的同时也应该爱他的奇特之处、怪异之处，接受他的天性。实际上，我们除了接受也别无选择，因为有些特质很难被影响或者被改变。我们能做的就是每天都让孩子感受到爱，因为这会让他变得更强大自信。

◎ 观察与比较

在幼儿园以及小学里，父母有机会接触到许多不同的孩子，也会不自觉地将自己的孩子与其他孩子进行比较。同样，我们带孩子到儿科诊所体检时，孩子可能在个别项目上无法达到标准数据的要求；幼儿园老师可能会认为孩子还不符合进入小学的要求；小学老师可能会认为孩子的握笔姿势远远达不到同龄人的标准；等等。这一系列的观察和比较都会促使我们用批判的眼光去看待自己的孩子，越是这样，我们就越焦虑，也就越担心孩子出现问题。

◎ 孩子们各不相同

我经常对自己孩子的某些言行感到惊讶，然后我就会看看邻居家的孩子，那个孩子喜欢参加学校的管弦乐团，喜欢在外面的新鲜空气中玩耍。简而言之，我总觉得别人家的孩子是正常的，而我那个奇怪的孩子只喜欢宅在家里做他的表格与记录，这是正常的成长过程吗？还是说，这是一个需要纠正的特殊心理状态？但下一秒我就明白了，我的这个想法完全是无稽之谈，我的疑虑不过是捕风捉影罢了。因为我们都清楚，人们的天性本就不同，每个人的兴趣爱好也是不同的。

幼儿阶段的孩子大多有些相似，但随着孩子的成长，他们的个性也会逐渐鲜明。大部分幼儿都喜欢积木、汽车、娃娃、图画书和儿歌。这些爱好在换牙期会发生改变，孩子们开始有自己偏爱和厌恶的事物，这些好恶因人而异，不再是这个年龄段孩子的普遍现象。唯一普遍的就是孩子本身已经具备了成长所需的一切，他们都渴望身边的人能接受他们与生俱来的样子。

日常生活的建议

在生活中要注意：孩子身上肯定会有一些令你感到恼火或者诧异的事情，所有父母都会产生这样的感觉。试着接受这些事，并把它们当成孩子成长的一部分。不要把你的孩子和其他同龄孩子相比较，要相信孩子会慢慢长大。

"妈妈，别担心了！"——童年不是病

"他握笔的姿势不对，上了小学以后会很麻烦。"儿子的幼儿园老师建议我带他去做功能治疗。我那时很忙，很快就忘

了这件事，但如今我为此感到庆幸。我的儿子从小就不喜欢画画，所以在握笔方面自然需要更加努力，但上小学以后他从没有因为握笔姿势而遇到过任何困难。

我们非常在意孩子的每一件小事。这并不奇怪，因为我们要对他负责，我们爱他，只想把最好的给他。但我发现，如今的父母有时做得有点过头了：这些父母们在网上搜索与孩子相关的所有可能的诊断，在小论坛上寻求建议，或者和其他父母一起讨论孩子的每一个成长阶段。

通过敏锐的观察和冷静的思考，我发现产生这种问题的原因仅仅在于我们总怀疑孩子存在一些紊乱或者发育迟缓的现象。但其实一切都是正常的，每个孩子的发育速度和具体情况各不相同。如今网上充斥着各种各样的信息，这让我们很容易盲目地自行做出判断，我们常常因为觉得孩子的某些言行有些奇怪就断定孩子是不正常的。我们不相信孩子的实际情况，反而相信那些形形色色的网页上的警告和没有科学依据的建议。这些网络言论让我们感到焦虑不安，过早地对所谓的"危险"

忧心忡忡，但事后看来这些不安和焦虑几乎都是没有必要的。

◎ 对孩子的成长要有信心

对此我只能建议，你自己要先对孩子充满信心。当你发现特殊情况时，先观察一段时间。就算这样做有点难，你也要保持冷静，不要上网胡乱搜索。你可以和儿童医生谈谈你担心的事情，但最好不要当着孩子的面。对治疗建议要始终保持谨慎，要和专业人士一起冷静地考虑那些治疗是否真的有必要。

你一定记得那些在儿科诊室里度过的糟糕的日子。首先，去医院很辛苦，孩子放学时就已经累了，现在他又不得不坐在诊室里等着做治疗性练习。如今有多种治疗手段可以选择，如行为治疗、语言治疗、物理治疗等，这是我们的幸运，但只有孩子真正需要治疗时，我们才应该使用这些手段。不必要的治疗只会让孩子觉得自己是"不正常"的，而且还占用了那些真正患病的孩子的治疗机会。有时我们对自己的孩子缺乏信心，但他们通常生来健全、天赋各异，早就已经准备好了开启自己的人生。

专家问答：促进孩子独立，让他们健康成长

为了向大家提供专业的知识，我向三位儿科医生咨询了关于换牙期儿童成长的问题，他们给了我许多有用的建议。这些建议总结如下：

问：现在很多孩子都要接受儿童专项治疗，儿科医生和科普作者迈克尔·豪赫（Michael Hauch）博士对此警告说："不应把童年阶段每一个导致发育缓慢的小问题都当成疾病。"那么，父母怎么做才能避免不必要的治疗呢？

答：重要的是父母要教会孩子独立。如今许多父母喜欢什么都帮孩子做好，比如削好水果和在面包上抹好果酱。但如果孩子们不做这些练习，他们就无从学习执行精细动作的技能。而且布置餐桌、接电话等能锻炼孩子的感知和认知能力，所以

父母应该要求孩子自己做这些事。带孩子一起去购物、让他们自己穿衣服、当他们失败时多鼓励他们，这样才能帮助他们取得更大的进步。

问：握笔姿势不对的孩子通常被建议做行为治疗。父母能提前预防这种情况的发生吗？

答：有些男孩平时不太喜欢做手工和画画，在幼儿园的自由玩耍时间里也很少主动拿起剪刀和画笔。这类孩子可以先在家里练习使用剪刀和笔，这可以增强孩子的动作灵活性和准确性，同时也能帮助他们日后在学校里更快地学会正确的握笔姿势。尽管有的老师会建议握笔困难的孩子进行专业治疗，但其实很多情况下孩子在家多做手工或者画画就可以，三棱笔和握笔辅助工具对此也有帮助。只有在运用上述手段都无济于事的情况下，才有必要让孩子接受治疗。

问：孩子在学校里总是坐不住，父母该如何及时纠正？

答：孩子在学校里很难安静下来的原因可能是缺乏运动。

因此，他们放学后应该多参加户外活动，少看电视。孩子进行户外活动可以平衡在校学习与休息的时间，比如骑自行车、去操场上玩耍。当父母或者老师怀疑孩子患有注意缺陷多动障碍（ADHD）时，儿科医生首先会测试儿童的视力和听力是否良好。尤其是在孩子五岁半这一换牙期开始的关键发育时期，定期检查非常重要。

注意缺陷多动障碍的症状在孩子五六岁时比较明显。上小学之后，有些孩子会坐不住，如果课间的户外活动对此也毫无帮助的话，可能会出现许多问题。因此，父母应该和儿科医生、老师一起讨论孩子的具体情况。这样专业人士才能各抒己见，一起分析并确定对待孩子的最好方法，以及治疗是否有必要。

问：父母如何帮助孩子在换牙期健康成长？

答：我们可以先了解相关知识。此外，和孩子聊天、一起玩游戏等有利于提升孩子的专注度；和孩子一起开展户外活动有利于孩子的成长。我们可以和孩子在操场上攀岩、在森林里行走、参加集体活动与游戏、一起做手工、一起画画等。不要总是什么都帮孩子准备得妥妥帖帖，这样孩子的能力才能得到锻炼。

"我长大了！""我还小！"——理解孩子的"双重人格"

我的女儿不久前竟然独自一人去面包店买了面包，这太令我惊讶了。只有六岁的她是多么勇敢啊！但是晚上她又变回小时候那样，仕床边依偎着我，不想一个人睡觉。

孩子五到十岁的这个时期尤为精彩，因为这期间发生的变化多得惊人。他们不再是牙牙学语的小孩子了，而是开始慢慢变得独立。他们依照自己的节奏，迈出自己的步伐，带着在社会中生存的核心目标去积累经验，逐渐摆脱对父母的依赖，最后成为能够独立生活的成年人。他们在换牙期迈出了独立生活的第一步：认识新朋友，和他们一起玩耍；用零花钱买点喜欢的小玩意儿；寻找自己的兴趣爱好；独自应对校园生活。

◎ 当孩子失去勇气时

可能你也注意到了，一些从前你与孩子一起完成的事情，现在他想尝试独立完成。这正是我们鼓励孩子尝试的最佳时机。独自去购物或者在朋友家过夜的经历能增强孩子的自信心，即使有时孩子可能会突然变得胆怯，比如因为不敢和店员说话而从面包店空手而归；或者因为想家而大哭着要求中断在朋友家的"过夜计划"。在这样的情况下，孩子需要你的安慰，需要你告诉他：偶尔改变计划没什么大不了的。"下一次一定能成功，慢慢来！"反复对孩子说这种鼓励的话可以帮助他学会人生的重要一课：失败没那么糟糕，这本就是生活的一部分。

当女儿失去勇气时，我就会跟她一起唱罗尔夫·祖科夫斯基（Rolf Zuckowski）的歌曲《我能行》（*Ich schaff das schon*）。这首歌的副歌部分如下：

我能行，我能行，我自己就能做到。我一定、一定会重新站起来的。我也许只需要一些力量。毕竟我本来就很棒！

慢慢地，露易丝的弟弟也耳濡目染地学会了这首歌，也会在不自信时哼唱这首歌。你和孩子也试试这个方法吧！

（这也适用于成年人……可以找你们都喜欢的励志歌曲。）

"爸爸妈妈永远在你身后。"——给孩子一双翅膀，做他们的暖巢

很多时候我的孩子看起来已经是小大人了，但是下一秒他们又靠在我的腿上。孩子上幼儿园或小学以后，有大半天时间

都在外面从而见不到父母，于是晚上就更需要父母陪他们一起看书、拥抱他们。这也难怪那些热衷于发现新事物、敢于独自走出家门的孩子在晚上会需要更多爱的能量和滋养，所以不要因为孩子一天之中前后矛盾的行为而感到惊讶。首先，孩子想要长大，想得到自由；其次，他们同时也依赖着父母。

重要的是父母不要用这样的话揶揄孩子："哟，刚才还像个大人，这会儿又成为小宝贝啦。"其实孩子自己也在两种感觉中摇摆不定：他们既想长大，又想回到小时候。当家长在身边时，他们既可以是勇敢的世界探险家，也可以是爱撒娇的小兔子。当他们想做小宝贝时，可能会想和你玩过家家，想像幼儿一样说话，甚至想像婴儿那样被抱在怀里，同时还把手指放进嘴里。家长可能会因此感到烦躁，但是对孩子而言，他们偶尔可以用这样的方式缓解自己的恐惧和压力。通过和孩子一起重演小时候的情景，你可以向他表明，他可以随时像小时候那样在你怀里释放压力、汲取能量。即使是小学高年级的孩子也很享受在"小大人"和"幼儿"的状态之间来回切换。我们可以唱歌给他听，摸着他的头告诉他爸爸妈妈有多爱他。

　　我和孩子们约定每天晚上都进行一轮互相夸赞。在他们钻进被窝、听睡前故事之前，我们会围坐在一起彼此夸赞。例如，我会对儿子说："你今天抚慰妹妹的方法真不错！"哥哥会对妹妹说："你今天把糖果送给我了，你真好！"可就在刚才，他还在屋里生气地追着妹妹跑。女儿对我说："妈妈，你做的煎饼是世界上最好吃的！"请相信，在夸赞中结束忙碌又令人疲惫的一天对大家都很有好处。

"我们是一个出色的团队！"——关注孩子，改善亲子关系

　　当儿子放学回家时，我问他："今天在学校怎么样？"其实我想知道的是他学到了什么，还有他的数学考试的分数。

　　"今天很好，我在课间休息时进了一个球，还助攻了一

次。你知道我是怎么做到的吗？"说着他就开始用气球演示。这时其他的话题对他来说都不值一提。

孩子对待生活的方式与我们大不相同，如果试着从他们的角度去思考，那么我们也会变得淡定从容起来。孩子总是活在当下，对于未来并没有太多思虑，总是嘻嘻哈哈的。而我们作为孩子的父母对待许多事情要比孩子严肃得多，例如数学考试成绩对家长而言能说明孩子有

多少自然科学方面的天赋。我们还想知道孩子在班级里是否受欢迎、是否有朋友。但孩子自己通常并不在意这些问题。他们会因为课间活动、美味的课间餐或课后的足球比赛而感到开心。从孩子的角度思考有助于让我们成为他生活的一部分，当孩子发现你真的对他最爱的游戏或者集卡册感兴趣时，他会和你聊很多很多。自从我意识到课间活动对儿子来说是最重要的事情之后，我就只问他与此相关的问题。他很少主动和我谈及学习，我抑制住了自己的好奇心，接受了这一点。我的女儿则不同，她很喜欢和我说自己在幼儿园是如何度过一天的。了

解孩子如何度过校园时光并不是父母的权力。对有些孩子来说，学校里有些事情就像我们在办公室里的工作流程一样不值一提，一些孩子则很喜欢讲述校园里的故事。

◎ 接受沉默

我们不该强迫孩子谈论他们不喜欢的话题。我发现，孩子能意识到我们是否在问他典型的"成年人问题"，比如学校的情况、有没有和朋友吵架，等等。在这个问题上，尊重是非常重要的，只有相互信任，孩子才会在需要的时候主动来寻求你的帮助。只有和孩子相互尊重，并接受他们不愿意谈论某些话题的这一现状，才能建立良好的亲子关系。

◎ 互相交流

你觉得孩子不喜欢说话？其实孩子只是不理解成年人之间交流的方式，即面对面地交谈。许多孩子觉得面对面专注地交谈是非常奇怪或者刻意的。因此，在我们有事情做时，聊天的效果会更好。试试在车里或者一起做某件事情时和孩子聊天，可以用提问来开始，例如：

- 你有空的时候最喜欢做什么？

- 谁是你现在最喜欢的足球运动员？

- 你还想学马术吗？

- 你最近在幼儿园里最有趣的经历是什么？

- 你在大课间休息时通常和朋友做什么？

和孩子一起吃晚饭的时候也是聊天的好时机。每一位家庭成员轮流说一个今天最美好的时刻和最不顺利的事情。这样孩子更容易敞开心扉，饭桌上会充满欢声笑语。我发现孩子们晚上躺在床上时特别喜欢聊天，此外，他们在一起做手工、整理房间、玩游戏或者父母做饭的时候也很喜欢和父母闲聊几句。

◎ 一起生活和体验生活

我们和孩子共同的特殊经历会深深地烙进我们的心里，强化父母与子女的情感联系，并促使二者相互信任。对处于换牙期的孩子来说，尤其是在有兄弟姐妹的家庭里，与父母单独相处的机会尤为重要。我每年至少会安排一次单独和一个孩子共度周末的机会，例如今年我和女儿一起去了慕尼黑，和儿子去了足球馆。我本来对足球毫无兴趣，直到我的孩子成为狂热的足球迷，如今我也爱上了足球。你一定不相信现在我会心潮澎湃地站在体育馆里，眼含热泪地为"我们的队伍"欢呼。因此，我建议你也试着去喜欢孩子的兴趣爱好。数学考试比大课间休息的进球更重要吗？并没有。

日常生活的建议

带孩子参加城市旅行或者周末出游，在奶奶家过夜或者去露营，一起学习一项运动或者听一场音乐会。除此之外，共同经历也可以是一个有意义的生日或者一份特殊的圣诞礼物。你可以先问问孩子，他最想和你一起做的事情是什么。

专家问答：我们如何保护孩子的权利

所有人都享有相应的法律权利，当然儿童也不例外。但是儿童在成长、保护和社会参与等方面有着特殊的需求，这些权利也必须得到保护。多国都签署了联合国的《儿童权利公约》，承诺尊重儿童权利，并为此完善法律的框架条件。这些权利包括但不限于：

● 非暴力抚养

● 休息时间（社区附近具备游乐场和游泳池等设施）

● 隐私

● 适合儿童的媒体内容

这些权利对父母而言意味着什么？我们在日常生活中要怎么做才能更好地保护儿童权利？我询问了联合国儿童基金会的儿童权利和教育专家露易丝·梅尔根斯（Luise Meergans），她告诉我，换牙期儿童的抚养方式与儿童权利之间存在着诸多联系。

问：为什么父母应该关注儿童权利？

露易丝·梅尔根斯：我建议所有父母都研究一下儿童的权利，了解儿童在学校、日托中心和日常生活中的具体权利。行使这些权利的主要目的是培养儿童健全的人格、促进其健康成长，因此我们可以把它们当作一种教育指南。无论是隐私、休息、休闲、游戏还是参与等权利，归根结底都是要求父母认真地对待孩子。

问：儿童的娱乐休闲权利有什么意义？

露易丝·梅尔根斯：儿童有娱乐休闲权，也就是说，他们必须有自己可以做主的时间，就算无所事事也可以。这里主要是针对那些不想让孩子"输在起跑线上"而把孩子的课余时间安排得满满当当的父母。自由活动非常有利于发展儿童的认知能力，提升其创造力。娱乐休闲权指的是儿童有支配自己时间的权利，休闲活动无须具有特定的教育价值。父母总是认为学习比娱乐更有价值，但实际上，两者平衡才是最佳选择。

问: 父母如何保证儿童参与艺术和文化活动的权利?

露易丝·梅尔根斯: 原则上，国家应该为儿童提供充足、公平的体验文化活动的机会。父母也应该确保儿童能够发挥自身的创造力，例如给儿童提供手指画的颜料和纸张、让儿童用在森林里收集的材料做手工，等等。同时自由玩耍也很重要，因为儿童的想象力和创造力是无限的。

问: 父母如何保护儿童的肖像权?

露易丝·梅尔根斯: 儿童享有肖像权，他们有权和父母一起讨论如何使用自己的照片。在把孩子的照片发给亲戚或者发到社交网站上之前，我们需要先征求孩子的意见。和他们对此进行讨论并做出解释非常重要: 孩子是否同意将照片发到网上? 这意味着所有朋友甚至是全世界的陌生人都能看到他的照片; 这意味着也许孩子以后的老师也会看到这张照片。首先，父母要清楚人身权利包括哪些方面。社会上有恋童癖的人不少，当我们在网上分享时，孩子的照片就有可能落入坏人之手。

此外，我们应保护儿童不受经济剥削。在我们把孩子的照片传到网上时，随即也产生了与之相关的数据。我们知道，在当今社会，尤其是在互联网上，数据可以作为支付工具。因此，照片中不能出现姓名和居住地址等个人信息。我们必须尽可能地保护儿童的数据安全，避免相关的经济剥削。

当然，我们乐于看到互联网上有更多儿童的身影，毕竟网络空间也是重要的社会空间，不能缺少儿童的参与。但是父母对此应当小心谨慎，不要做任何对孩子不利或者令他们尴尬的事，要在发照片之前征求他们的意见。

问：父母如何保护儿童的隐私？

露易丝·梅尔根斯：孩子需要有自己的私人空间和私密领域。父母应该为孩子准备专属空间，比如一个只有孩子才能使用的书桌抽屉，或者一个有钥匙的小箱子。

个人清洁也是非常重要的隐私。当孩子不愿意和你一起上厕所时，你只能接受。羞耻感是我们在社会上生存所必需的，它通常产生在换牙期。因此，父母必须极为谨慎地保护、尊重孩子的隐私。

问：父母怎样才能与处于换牙期的孩子和睦相处？

露易丝·梅尔根斯：父母有责任和义务保证儿童的健康成长。在家庭的各项事务中注重儿童的参与是非常必要的。父母必须意识到，家庭的决定会影响儿童，因此儿童有权参与其中。让他们参与进来一起讨论，这非常有助于儿童的成长。但父母也得清楚地告诉孩子，有些事情必须由父母做决定，否则就有可能会伤害到他们。可以肯定的是孩子往往能更好地遵守或者执行他们参与决定的规则或事情。因此，无论是从儿童权利的保护还是从家庭生活的和睦来看，注重儿童的参与都是绝对的核心思想。

三、拒绝标签：让男孩与女孩自由成长

　　不管是儿子还是女儿，他们首先都是孩子。进入换牙期后，孩子们的性别差异会变得越来越明显。男孩与女孩不仅在生理上各不相同，社会和文化的影响也造成了一些性别差异。在这里，我会告诉你如何促进孩子的个性发展，避免给他们贴上"男孩"或者"女孩"的性别文化标签。当然，他们也完全可以有性别认同感，我们在反对刻板印象的同时也应当允许孩子做那些典型的男孩或者女孩偏爱的事。

孩子们的性别差异

　　露易丝听到爸爸和哥哥要去游泳之后对我欢呼："妈妈，今天是属于我们俩的女孩日！"我俩看着彼此，心里明白我们是一样的性别。虽然我和儿子们也有着血缘关系，但他们却和我不一样。

我有两个儿子和一个女儿。到目前为止，孩子们之间的差异或者相似之处大多是由他们的性格而非性别造成的。对我来说性别并不重要，因为我一视同仁地对待所有孩子。但是，父母真的能完全做到一视同仁吗？我发现露易丝在性格和习惯上更像我，儿子们则更像爸爸。这一现象在孩子的换牙期更加明显，因为孩子们清楚地意识到了自己是男孩还是女孩。露易丝认真地观察我作为女性的行为举止、我和她爸爸的不同之处，以及我最在意的事。这让我想起我小时候也是这么观察母亲的。男孩们对爸爸也是如此。

我也注意到男孩和女孩之间存在不同。但并不是所有孩子都这样，可能你的孩子就不是。如果你的孩子有以下特点，可以看看我的建议：

◎ 男孩尤其需要大量的运动

如果我八岁的儿子运动量不够，他就会吵着要去踢球。但是请注意，有些女孩也会这样。你儿子的运动量足够吗？他是不是在学校里坐不住、不够专心？你可以让他下午先跑跑步或者和朋友玩一会儿，然后再写作业。我的女儿也很喜欢跑来跑去，但她也可以安静地度过一天，不像我的儿子那样不运动就会变得很烦躁。

◎ 女孩需要多关注自己

我发现，我的女儿总是希望周围的人都能对她表示满意。我的儿子并不在意我喜不喜欢他选的凉鞋，而女儿则更希望我能赞赏她的决定。自从我注意到这一点以后，我开始有意识地问她想要什么。你的女儿是不是也会通过眼神或者问题告诉你，她希望得到你的认可？那么你可以多问问她想要什么，告诉她，她自己的想法也很重要。女孩通常会不自觉地关注他人的感受。她们关心周围的人，这样固然很棒，但这也会导致她们不够在意自己。

幸运的是，父母不是孩子唯一的榜样。虽然爸爸妈妈是孩子最重要的监护人，但很多其他人也会对孩子产生影响，如朋友、亲戚、老师或者体育协会的教练。这些人也是孩子生活的一部分，他们也会告诉孩子女性和男性可以是什么样子。因此，如果你的孩子能接触很多人，能找到塑造自己价值观或者人格的榜样，那就太好了。

男孩是英雄，女孩是公主？——避免养育中的性别陷阱

我认真地看着露易丝说："你的雀斑真好看。"在吉米做数学题时，我告诉他："你好聪明。"但当我回想起这两句夸赞的话时，却觉得有些尴尬。面对女儿时我说的是她的长相，面对儿子时说的却是他的智商，尽管我的儿子也有漂亮的雀斑，而我的女儿也很聪明。所以，其实我自己也没能改变对不同性别的刻板印象。

用同样的方法养育男孩和女孩在当今社会非常重要。也许所有父母都会保证说，他们对待儿子和女儿的方式是一样的。但事实却是，我们不可避免地会受到社会的影响。我们在德国

长大的这一代人可能从小就习惯了这样的家庭模式：母亲负责家务和孩子，父亲负责赚钱养家，女孩和男孩以不同的方式成长。直到今天，胡说八道、上蹿下跳的男孩仍然比女孩更容易获得原谅。幼儿园角落的洋娃娃、过家家玩具是给女孩准备的，许多女孩甚至都不知道幼儿园的积木玩具放在哪里，这是相当可惜的。更夸张的是那些学龄前儿童经常接触的杂志、影视剧和儿童书籍里有随处可见的角色性别差异：女性角色都十分乖巧、友善、漂亮又干净，而男性角色则时常有些脏乱、吵闹、虎头虎脑。

◎ 避免性别偏见，可以这样做

我们总会不自觉地用父母教育我们的原则去教育孩子，例如我总让女儿说话不要那么大声，要与人为善；但我对儿子们的打闹和叫喊却并不敏感。时常思考这些问题并反思自己的行为，这对父母有很大帮助。我现在会更加留意自己对待儿子和女儿的方式，尽量避免无意识地人为制造性别差异。

以下这些建议或许能帮助你避免养育中的性别陷阱：

● 男孩可以而且也应该表达情感。允许他们哭泣或者发牢骚，鼓励他们用文字记录情感。如果有人对你的孩子说"男儿有泪不轻弹"，你一定要反驳他。

● 性别歧视在学龄前阶段就会出现。如果你的孩子在异性面前有优越感，要及时和他们沟通。重要的是让孩子注意到这些不恰当的行为。

● 女孩也可以大声说话和生气，她们和男孩拥有同样的权利。无论男女，每个人都有攻击性，这是正常的。外界认为女性不能、不应该这样，这绝对是不公平的。你的女儿不该承担这种社会压力。

● 儿童杂志、图画书和电影会给人留下很多刻板印象。和孩子聊聊，让他们注意到这些地方，告诉他们，不管男孩还是女孩都可以成为他们想成为的人。

● 赞扬非常有用，尤其是发自内心的赞美。孩子们很喜欢得到肯定，但要注意避免性别偏见，不要只夸赞女孩身上的女性化特征，对男孩亦然。男孩可以美丽又可爱，女孩也可以狂野又聪明。

揭开性别偏见

我家里满是性别偏见的印记：我儿子的衣服是绿色和蓝色的，女儿的衣服则是"小女孩气"的亮色；女儿喜欢洋娃娃和小马；小儿子对汽车非常痴迷，大儿子则热爱足球。这些带有性别特征的颜色、玩具和爱好是孩子们自己选择的，还是社会和家长按照性别特征硬塞给他们的？

◎ 物品的颜色

为什么女孩喜欢粉色，男孩喜欢蓝色？没人知道真正的原因，也可能只是时尚趋势而已，但以前的情况可不是这样：在100年前，粉色被称为"小红色"，红色在传统意义上象征着鲜血和战斗，因此刚出生的王子用的摇篮就是粉红色的；蓝色则被分给了女孩，因为教堂或者画像里的圣母的斗篷就是蓝色的。

随着时尚趋势的发展，如今的孩子从小就知道粉红色属于女孩，蓝色属于男孩。很多时候，因为她们是女孩并且希望被当作女孩，所以会不自觉地选择"合适的颜色"。成年人也是如此。广告商们早已发现，女性会忍不住购买粉红色小家电，尽管家里早就有了其他颜色的同款商品。

这在原则上也没什么问题，但这些社会规则在一定程度上限制或者羞辱了我们的孩子。如果男孩在鞋店拿了一双红色的运动鞋，就会有人对他说：这不是男孩子的颜色；在书店里，店员给女孩推荐的主题往往是健身房里的姐妹团一起破获香水偷窃案之类的故事书。久而久之，孩子在换牙期就会清楚地意识到并接受自己的性别角色，这样的观念还会随着时间推移越来越根深蒂固。

日常生活的建议

你给女儿读有关公主的童话故事时是不是也会说"她是如此的可爱，世界上所有人都喜欢她"？孩子们很喜欢童话，所以即使童话中的性别偏见尤为突出，我们也不应以平等为由剥夺他们阅读童话的权利，不过我们可以在读完童话故事后和孩子们讨论一下，告诉他们公主不一定是可爱迷人的。此外，我们在阅读时也可以交换角色的性别，例如公主把王子从塔里救出来，王子喜极而泣，激动地和公主拥抱。

◎ 男孩喜欢汽车，女孩喜欢洋娃娃？

在选择玩具时，小男孩总是去拿汽车，小女孩则喜欢拿洋娃娃。虽然这有可能是基因的原因，但肯定也有社会的影响。孩子到了幼儿园就会发现，积木玩具旁边坐满了男孩子，女孩子则都在玩洋娃娃，这样的画面会储存在他们的脑海中。随着时间推移，这种刻板印象还在广播剧、影视剧或者图书中不断得以强化。

给孩子买他们想要的玩具或图书时我们需要仔细考虑，因为现在正是孩子形成个性、发展爱好的时机。孩子们当然可以是"典型的女孩"或者"典型的男孩"，重要的是孩子能摆脱旁人的期望，自由地做出选择。同时，孩子的亲属也要意识到：儿童玩具不应该有性别之分。

父母尤其要留意色彩鲜艳的儿童杂志和塑料玩具：儿童图书里的角色最好是中性的，也不要给玩具限定性别。在有些杂志的漫画故事里，性别观念几乎和50年前一模一样。

小心粉色和蓝色陷阱

我敢保证，当我和孩子一起去超市购物，允许他们自己选个甜品或者其他小东西时，我女儿会很自然地选择女孩版的粉色巧克力蛋，儿子则会选择男孩版的蓝色巧克力蛋；儿子会把强盗沐浴露、女儿会把公主沐浴露放进手推车里。

我很反感这些营销伎俩，因为这样一来，我一次就得买两瓶沐浴露。即使是巧克力和沐浴露这样简单的商品，制造商也会用王子和公主来吸引儿童的目光，让孩子把它们放到购物车里。这些营销伎俩背后的性别偏见更令人讨厌：孩子很小就会知道，男孩是小英雄（海盗、消防员），女孩是小公主。我们可以注意到，那些包装上的女孩形象总是直视着顾客，眼神仿佛在问："我不漂亮吗？"而小海盗们则看向一旁，好像在说："我要去冒险了！我才不在乎你们怎么看我。"

人类总是不由自主地想达到别人对自己的期望。我们希望自己能和别人一样，我们想获得归属感。儿童的这一愿望在换牙期尤为强烈，他们不想有任何个人化的特征，只想和其他人一样。因此，我建议你在购物时把商家的广告伎俩告诉孩子。弄明白了这些小把戏之后，孩子就没那么容易被偏见所迷惑。

在买衣服时这个问题更为严重。你一定见过印着"小英雄"或者"爸爸的公主"之类文字的T恤。换牙期的儿童很容易受到周围环境的影响，如果有人暗示孩子，女孩不能成为英雄或者男孩必须勇敢，那么这样的偏见将会一直影响孩子。你有没有发现鞋店里有着严格的性别分区？一边是放女孩鞋子的架子，颜色主要是粉色和红色；另一边的架子上则放着"男孩的鞋子"。有一次我想给女儿挑一双简单、中性的牵内布鞋带去学校穿，这样以后她的弟弟还可以接着穿。但我们只能在闪闪发光的公主、独角兽或者足球、汽车图案中选择，店里根本没有不带性别偏见的鞋子。露易丝压根儿不愿意穿有足球图案的鞋坐在学校里，这我完全理解，因为她害怕被其他孩子嘲笑。我越来越觉得，孩子是被商家胁迫着去扮演自己可能并不喜欢的角色。

日常生活的建议

最好别带孩子一起去买衣服。给孩子们买一些偏中性的衣服，让他们自己在这些衣服中挑选，这样他们就能自己做决定，不会因为受到诱惑而坚持要公主衫或英雄外套。或者你可以在网购时选几件衣服放在购物车里，让孩子从中挑选。

向孩子解释广告骗局，尝试让孩子也同意购买中性色彩的食品和洗浴用品。

接纳不同

我的一位朋友跟我抱怨说："我一直希望我女儿是个'野蛮女孩'。"她总是给女儿玛莉买中性的用品，比如绿色和黄色的衣服、木塔积木、玩具汽车。但玛莉上学以后，特别想要一个独角兽图案的粉红色书包。我的朋友现在很纠结：到底要不要给"野蛮女孩"玛莉买一个奇怪的粉红色书包？

我们应该引导孩子不要在意性别差异，但同时也要允许孩子认同自己的女孩或者男孩的身份。也许你费尽心力地不让女儿接触任何带有女性特质的东西，但到头来她最喜欢的衣服还是薄纱裙，最喜欢的颜色还是粉红色，可即使这样她也没什么错。

　　我的小儿子在三岁时就开始意识到自己的性别了。虽然现在他还愿意穿姐姐的粉色雨衣，但如果在幼儿园里听到别人说"女孩才穿粉色"，我想他就再也不愿意穿那件雨衣了。我的另外两个孩子也早就有了很强的性别认同感：当我八岁的儿子因为长发而被误认为是女孩时，他会感到很不舒服。他对自己的生理性别十分认同，被当作女孩对他来说是一种侮辱。此外，孩子们进入换牙期以后会有更多的时间和朋友、同学们在一起。在学前班和刚上小学时，男孩和女孩总是在一起玩，但很快就开始区分性别了——男孩们觉得女孩很无聊，女孩们也不再邀请男孩参加生日聚会了。

◎ 重要的是自由选择权

我们需要让孩子知道，他们有自由选择的权利，例如女孩可以选择不同的颜色，可以不买绿色而是买粉红色的夹克。她们可以像男孩一样，也可以喜欢洋娃娃，成为典型的女孩。然而，也许你的女儿想试试足球俱乐部的体验课呢！我们当然也要给她们这个机会。男孩也一样，父母得理解儿子不愿意穿着粉红色毛衣去上学。但是，你有没有想过让儿子也试着对烹饪或者烘焙产生兴趣？总之，我们应该打破偏见，给孩子自由；告诉他们，他们拥有的是全世界，而不是仅有男性或者女性的"半个世界"。

教育难题：孩子就喜欢丑衣服！

我和女儿的喜好完全不同：我喜欢简单、纯色的裙子和蓝色、红色或者白色条纹的面料；露易丝则对粉红色爱不释手。她喜欢把五颜六色的东西组合在一起，戴着印有标语的鸭舌帽，穿一双我觉得和天气、衣服都不搭配的鞋子。一方面，孩子自己搭配衣服是一件很棒的事，即便他们的组合有些"冒险"；但另一方面，在节日活动或者幼儿园拍照时，让父母接受孩子有些大胆的穿搭也许并不容易。我常常会想象十年之后我们看照片时取笑露易丝穿搭的情景。事实上，这些奇特的穿搭能充分展现孩子的个性。如果有人对你孩子的衣服指指点点，你可以说："我的孩子就是喜欢这样！衣服不仅给我们舒适感和安全感，还能展现我们的个性。"

在参加祖母的聚会时，孩子不想穿我们为他选择的蓝白条纹毛衣，而是穿上了他最喜欢的俱乐部的亮黄色球衣，这难免有些令人失望。但此时我们不需要和孩子讨论穿搭，只需要告诉孩子：我们接受他所有的模样！

家务不是女孩的专属！——培养孩子的性别平等意识

我的女儿很喜欢照顾人。她喜欢照看弟弟，给他读书；经常把自己的画或者小手工送给朋友们；当我做饭或者洗衣服需要帮忙时，她也是第一个来帮助我的孩子。在我家，我和丈夫共同承担家务，但因为我有半天的时间在家，所以我做的家务更多。我希望儿子也能有家庭责任感，所以在家里有个他能学习的男性榜样很重要。幸好他的父亲对家庭尽心尽力，我相信儿子组建家庭后也不会推卸自己的责任。

前面我们已经讨论了父母对孩子的影响、性别的重要性以及孩子从小就有的性别意识等话题。在许多方面，女儿会模仿妈妈的行为，儿子则通常以爸爸为榜样。我们都希望孩子以后能自由地生活：女性可以成为母亲、悉心照顾婴儿、花时间陪孩子，但女性也可以去工作；男性也并不一定要负责家庭开销，但必须也要照顾孩子、分担家务。父母之间越平等，孩子就能得到越多的自主选择的机会。如果女孩看到妈妈每天要照顾家里的一切，带孩子是母亲一个人的事，那么她会默认自己以后也必须这样做；如果男孩家里只有爸爸赚钱养家，那么他在选择职业时也会优先考虑这一点。要注意，家庭里有关权利和义务的事务不要体现出性别差异；如果涉及明确的角色分配，则要向孩子解释：这和性别无关。下面是一些在家庭中做到性别平等的建议：

● 父母双方都要做家务，双方都应该无偿地负责家务活，而不是一方主要负责、另一方只是偶尔帮忙。

● 孩子也应该一起帮忙，即使有些孩子不喜欢这样。要确保所有孩子都在帮忙做家务，而不是只有一个孩子在布置餐桌或者收拾房间。

● 让孩子从小就学着一起做家务，即使这可能会增加你的工作量。

● 教男孩换轮胎、教女孩熨衣服？没错，但也可以反过来。孩子们从你那儿学到的东西越多越好，但不要根据性别划分他们成年以后必须自己做的事情。

● 如果儿子能经常看到爸爸熟练地缝纽扣或者拖地，那么他就完全不会认为家务是女性的专属任务了。

● 女性不擅长数学和金融？简直是胡说八道。在孩子面前，我们要避免这种说法，并强调计算能力可能是个人问题，而不是一个与性别相关的问题。

专家问答：让孩子准备好面对社会上的性别偏见

尼尔斯·皮克尔（Nils Picker）是四个孩子的父亲、自由记者、女性主义者，同时也是反对性别主义的教育组织Pinkstinks的网站主编。此外，他对教育和性别平等也颇有研究，是一位非常了解儿童教育的专家。

问：父母如何在教育中避免性别偏见？

尼尔斯·皮克尔：我首先会建议父母不要试图在教育中彻底避免偏见，这是不现实的。我们所有人都有偏见，因为我们在生活中经常需要在缺少信息的情况下迅速做出决定。我们的压力越大，就越会按照小时候学到的或者书中读到的知识去做出反应。因此，首先我主张父母要意识到自己所持有的偏见和刻板印象，并消除它们。其次，就自身经验而言，父母应该做好失败的心理准备。也就是说，你也许花了几个星期说服儿子穿粉色的鞋子，告诉他这样穿并不会在学校里被嘲笑，但他一个月后从学校回家时却说，粉色是女孩的颜色。为此去惩罚他是没有意义的。我的观点始终是我们应该为孩子提供全面的视角，并确保他们乐于尝试不同的事物。如果他们愿意这么做是最好的，但就算他们不愿意也没关系。如果我的两个儿子更想成为典型的男孩，喜欢踢球、竞技体育、蓝色，这也完全没问题。他们可以选择自己喜欢的东西，我不应该把自己的观点或者性别认同强加到孩子身上。

无论我们做什么都无法消除社会中存在的众多性别偏见，但我们可以让孩子意识到这一点。否则，就好像我们身为父母却没有告诉孩子道路交通中存在着危险一样。许多人对性别的理解充满了偏见，这是因为他们的看法来源于别人灌输的性别思想。

同时，我认为不应该将"男孩就该有阳刚之气"这种话奉为圭臬。何谓"阳刚之气"？是性格粗犷、蓄短发，还是拥有低沉的嗓音，抑或是痴迷运动？再细细列举，我们会发现，根本没有多少所谓"阳刚之气"的特征，但最终我们还是会将人群以男女进行划分，并分别赋予其性别特征。作为父母，我们有义务引导孩子辩证地看待这些所谓的性别要求。

问：父母在买玩具时应该注意什么？

尼尔斯·皮克尔：基本的原则是玩具没有性别之分。因此，应该允许孩子自由地选择玩具。一个典型案例是许多父母都不允许男孩玩洋娃娃，他们认为洋娃娃对男孩没有任何好处。但事实证明，儿童在玩洋娃娃时可以获得关心和照顾他人的能力，提升语言技巧，学习处理复杂的社会关系。难道这些是缺乏"阳刚之气"的表现吗？如果我的儿子在玩洋娃娃，我同样会觉得他充满了阳刚之气。虽然世界上并不存在可以证明孩子性别的玩具或者颜色，但我们总是会在孩子选择玩具时暗中观察，期待他们做出符合社会预期的选择，然后说出"哇，果然是个男孩/女孩"。对此，我建议父母放弃这种期待，同意孩子所做的选择即可。

问：当看到玩具都按性别分类时，你有什么感受？我们可以让孩子不经历这些吗？

尼尔斯·皮克尔：我认为这是不可能的。我甚至还经历过更夸张的：人们一进到店里，售货员问的不是孩子喜欢什么或者预算有多少，而是询问顾客打算为男孩还是女孩购买玩具。我们无法让孩子避免这一切，世界本就如此，只能努力帮助孩子变得坚强、保持自我。如果我的女儿想去满是粉色玩具的货架，如果她喜欢化妆、护理和照料，那是她的权利。我只需要向她解释：这些偏好与性别无关。"你喜欢这些并不是因为你是女孩，而只是因为它们引起了你的兴趣、令你快乐。"因此，我努力接受玩具货架的分类，并向孩子解释这是性别的刻板印象。毕竟，孩子喜欢什么，终究还得靠孩子自己去探索。

问：你有什么推荐的"性别中立"的玩具或者图书吗？

尼尔斯·皮克尔：我不想用"性别中立"这个词形容玩具，这样就必须排除粉色和蓝色，但是孩子也有权利选择粉色或者蓝色的玩具。所以，我倾向于将其称为"性别敏感"。在此我推荐父母去阅读《粉色-蓝色陷阱》（*Die Rosa-Hellblau-Falle*）这本书，从中可以了解到一直以来被我们忽视的东西，以及玩具对我们的孩子有什么影响。

此外，还有一些书向儿童介绍了性别角色的多样性以及家庭的各种形态，如《各种各样的家庭》（*Alles Familie*）一书就介绍了家庭结构的多样性。而且在一些书里女孩是主要角色，男孩则是需要被照顾的一方，比如作家基尔斯滕·博伊厄（Kirsten Boie）的书。广泛的阅读有助于打破性别偏见，在Pinkstinks网站上就有适合不同年龄段读者阅读的书籍推荐清单。

四、承担责任：创造和睦的家庭生活

> 家里必须有规矩，大家才能拥有愉快、和睦的家庭生活。处于换牙期的孩子非常渴望发言权，因此我想谈谈如何与孩子一起制订准则。此外，我们将会探讨：为什么处于换牙期的小叛逆者们总是磨蹭，我们又该如何与他们更好地相处？家庭和睦要求每个人都参与其中，共同承担家庭责任，对此我也会给出日常生活中能用到的实用技巧。最后，我们将一起学习如何才能让孩子在学龄前和小学阶段的行为举止达到父母的期望。

家里必须有规矩

儿子吉米对我喊："妈妈，我要去看电视了。"他狼吞虎咽地吃完了面包，因为他最喜欢的动画片快要开始了；我的丈夫安东在用手机看天气预报，因为我们周末要去爬山；露易丝在说幼儿园里的事情；奥斯卡则在不断地插嘴打断她的话。家里的孩子七嘴八舌、吵吵闹闹，一起吃饭真不是件轻松的事。吉米起身离开了餐桌去开电视，露易丝和奥斯卡也赶忙放下面包，跟着他走了。

你家里是不是也常常出现这样令人恼火的情况？你辛辛苦苦地切菜、做饭、布置餐桌，但是没人注意到你的付出，每个人都只关注自己感兴趣的事。在这样的情况下，家庭准则是必不可少的。每个人都遵守并作为导向的准则对于共同生活、彼此相处都至关重要。这样大家才能知道对方能接受什么行为，以及每个人的底线在哪里；每个人也都能判断，在不妨碍他人的前提下，自己能拥有多大程度的自由。孩子和伴侣是我们最亲爱的人，我们想和他们快乐地共同生活。如果一直无法融洽相处，双方都会不开心；如果找不到解决方案，我们就无法保持愉快的心情。说实话，生活的本质并不是假期、生日、圣诞节等特殊时刻，而是平淡的三餐四季、朝阳晚霞。

家庭是个非常特殊的构造单元。人们共同生活在一个小小的空间里，虽然我们相亲相爱，但有时却觉得对方无法忍受。父母每天要忙着工作、照顾孩子、做家务，自然渴望有属于自己的安静时间；而孩子却总是想玩游戏、吵吵闹闹、表现自己并得到关注。每个人的需求各不相同，我们怎样才能在一定程度上尽量满足大家的需求呢？

其实规则无处不在。办公室、幼儿园、足球场馆等场所都有为了让大家能够和谐共处而制订的规则。那为什么我们不在家里也尝试这样做呢？正如我刚刚提到的，家庭中有许多相互冲突的需求：我们喜欢和孩子一起安静地吃饭，而孩子一吃完饭就想走开，因为一直坐着等待对他们来说很难，而且有点无聊；我们喜欢安安静静地面对面交谈，而孩子更喜欢吵闹，他们不觉得大喊大叫有什么不好。虽然孩子也常常会感到疲惫，但他们的这一情绪通常表现为兴奋：孩子们放学后终于可以放松下来，他们大声喧哗、跑来跑去。因此，在这样的情况下要求所有家庭成员必须一起吃完晚餐，的确有些棘手。

五到十岁正是培养孩子规则意识的好时机。如果我们尊重孩子，友好地向他们解释自己的看法，孩子就能够换位思考。此外，我们也应当教导孩子与家人互相体谅，告诉他们只有这样才能和谐共处。这些意识不是一朝一夕就能具备的，我们要从现在开始培养孩子这方面的意识。

共同制订和维护家庭准则

当吉米站起来想离开餐桌时，我提醒他："你也知道我们的规定吧！请你等我们都吃完再走。"

我儿子埋怨道："但你们吃饭太慢了！那些傻规则又不是我制订的。"

他说的也没错，他的确已经等了很久，而我和他爸爸一直在聊天。我们应该再讨论一下家庭准则，想想怎么才能让孩子主动地遵守。

如何制订家庭准则呢？我家已经尝试了，而且后悔没早点做这件事。如果让所有家庭成员都参与制订准则，那么大家遵守起来将会更加容易。以下是我的一些建议：

- 准则应该尽量精简，只保留必要的；

- 所有家庭成员都应该参与准则的制订；

- 准则的制订要顾及所有人的需求；

- 出现问题时，所有人要一起寻找解决方案。

◎ 家庭会议

我们可以通过召开专门的家庭会议来制订准则。最好大家都围坐在桌旁，可以一边吃饼干和蛋糕，一边把你的计划告诉大家。对于换牙期的孩子来说，平等的相处至关重要。告诉孩子，这件事也涉及他们的需求，所以大家应该一起制订准则，这样可以提高孩子参与的热情。

开会时，首先可以让大家一起回想一下每天的日程：在吃早餐、穿衣服、吃午饭、写作业时会出现哪些困难？周末一般怎么度过？有哪些事情进行得顺利，哪些不太顺利？

每个成员都可以发言，父母最好一边听一边记录。我的经验是，在对话中大家都能各抒己见，并且获得很多有趣的观点。我们不需要把所有事情都写到准则里，但要在口头上对孩子做出承诺或者约定。例如，我的女儿说她放学时就饿了，但是还要等很久才能吃饭，于是我们同意她在就餐前先吃点水果或面包；我的儿子希望晚上能跟爸爸妈妈亲密互动，我们答应他以后不会忽视这一点。

当你们把所有事项都记录下来后，最好先休息一下，其余的事情稍后或者改天再做。不过在那之前需要先讨论一下这些经常出现的原则性问题：

- 你们想要以什么样的方式相处？

- 如何处理反复出现的争端？

- 希望别人如何对待你？

- 你需要家人提供什么样的支持与帮助？

- 一起吃饭时应该遵守什么规则？

你们可以把这些准则写在海报上，做些漂亮的设计。以下是一些抛砖引玉的建议：

- 交谈时要认真听对方说完再发言；

- 要互帮互助；

- 孩子可以先玩游戏再吃饭；

- 等人到齐了再开始吃饭；

- 等大家都吃完了才能离开餐桌；

- 吃饭前把桌上的玩具、手机和报纸拿走；

- 回家后先放好外套、包和鞋子；

- 晚上一起收拾客厅的玩具。

制订多少条准则、涉及哪些内容都由你们自己决定。最后，把海报挂在所有人都能看到的地方。

◎ 不遵守准则的后果是什么

可能你们一起制订了家庭准则，但是孩子第二天就不遵守了。这是再正常不过的事情，而且经常发生，甚至不只是孩子会这样做。那么违反准则的后果是什么？我不喜欢惩罚，有人违背家庭准则时我也不会去惩罚他。我常常思考，当自己受到惩罚时，我的感受是什么样的。我很快意识到就算惩罚是合理的，我也会很生气，比如收到一张违章停车的罚单。惩罚的意义在于让违反规则的人今后能够遵守规则。然而，我的经验是这在家庭中很难做到。交通违规行为当然必须受到处罚，但家庭内部的惩罚则完全没有意义。好的方法是与孩子们多谈论这个话题，最好用合适的语气聊聊共同准则的内容和意义，就算失败也要多努力试试。

我们必须接受一个现实，即和孩子的严肃沟通永远没有尽头。虽然有时我也会感到非常不耐烦，但在大多数时间里我都乐意和孩子沟通，这表明我和孩子能够平等相处。尤其是我的大儿子吉米，我经常得花好几个小时来跟他讨论问题，尽管有时我真的很累了，只想忘记烦恼、好好休息。但以我的经验来看，如果我不准他看电视，气氛只会更糟糕，除了向他承认自己滥用了父母权力，我别无他法。惩罚根本无法解决问题，同样的问题会再次出现。虽然现在不用惩罚也不代表万事大吉，但是如果父母能冷静下来，和孩子解释自己生气的原因，并提醒他们遵守准则，那么他们通常还是会配合的。

不要一直斥责、唠叨、抱怨孩子，这样会让我们很疲惫。一整天都陪着孩子会让我们疲惫不堪，给自己留点独处的时间吧！当我压力很大、有许多事情要做时，我也会偶尔陷入旧的行为模式里。为人父母、和孩子好好相处对我来说是最难的事情，经常做不好。但我觉得辛苦是值得的，能够真正坦诚地尊重孩子的本性是一件很棒的事。为此我需要给自己留出一定的独处时光，这样才不会迷失自我，我相信你也一样！

◎ 长期解决方案

就我的经验而言，制订好的准则经常会被孩子打破，就算惩罚或者威胁他们也没用。然而，通过和他们及时沟通、友好地提醒他们这是我们共同制订的准则、询问他们违反准则的原因等，我发觉孩子会有所改变。长此以往，孩子就会知道准则的重要性，而准则也会根深蒂固地刻进他们心里。

如果每天都能和孩子尝试沟通，我们解决问题的速度就会越来越快，偶尔还会发现孩子的令人惊喜的创意——他们总会有一些很棒的想法。我们也会发觉其实孩子也希望能够皆大欢喜。因此，这样做可以增强家庭的凝聚力，让我们更加团结。

所以，我也想鼓励你们试试这个方法，即制订家庭准则，这有助于和睦相处的共同生活。我们可以在日常生活中试着"妥协"：当孩子不遵守准则时不要惩罚他们。因为孩子一开始并不会像成年人那样对规则那么敏感，他们甚至会觉得规则并不重要，但我相信他们都希望家庭内部有一个良好的氛围。因此，我敢保证，假以时日，我们的这些努力一定会有所回报！

孩子总是磨磨蹭蹭——父母最头疼的问题

早上七点半是我家最忙乱的时候。我准备便当盒的时候，孩子们要穿好衣服开始刷牙。然而十分钟后我去催他们出门时常常会被吓一跳：要去上学的吉米还穿着睡衣坐在卧室里玩桌面足球；要去幼儿园的露易丝还在穿衣服、梳头发。我差点儿就忍不住大声尖叫了！

类似这样的时刻简直会让父母发疯。早上的时间很紧张，必须按时出门，但孩子好像并不清楚这一点。他们慢吞吞地走路，还放不下玩具，慢悠悠地穿裤子，就好像中午才开始上课一样。我在社交平台上开了一个母亲论坛，跟其他妈妈一起讨论各种育儿问题。在那儿我发起过一个调查，想了解在与孩子的日常相处中最令妈妈们头疼的问题是什么，大多数妈妈的回答正是"孩子在早上磨蹭"。而我也是经常在早上七点的时候觉得自己快要爆炸了！尤其是当孩子得早一点去幼儿园、学校或者医院时，情况更难处理。

◎ 孩子们都活在当下

我常思考：孩子们为什么会这样？他们为什么不能理解我们在早上面临的压力？他们总是慢条斯理地穿上衣服，吵吵闹闹，临出门时又非要穿上某种颜色的鞋子，或者根本不想去上学。

通过对孩子们的需求进行换位思考，我最终消除了疑惑，因为他们的需求与我们的需求大相径庭。我不想在家里浪费时间，想快一点到公司，希望孩子们也能遵守我的时间安排。他们在大多数时候也都很听我的话，因为我们已经说好了，父母必须工作，需要赶时间。如果有医院的预约，我也会做相应的解释。然而，孩子的思维方式与我们截然不同，他们不太理解时间压力意味着什么，而是只专注于此时此刻。在我看来，他们的思维方式也有可取之处，比如他们就算知道上学会迟到，还是能享受当下的快乐，不会被还未发生的事情困扰。他们会想：迟到是半小时之后的事情，但激动人心的桌面足球比赛正要开始！为什么不玩会儿呢？我肯定几分钟内就能进球！就这样，孩子瞬间就沉浸在美妙的足球比赛中无法自拔了。

◎ 拖延症

对许多孩子来说，如何处理日常活动中的过渡时间是个难题，比如从穿衣到刷牙，从刷牙到吃早餐，从吃早餐到出门等。学龄前及小学阶段的孩子在心理上很难应对这些对我们来说轻而易举的事情。同时，他们内心又很不情愿去完成那些令他们不舒服的任务。我们把这一情况称为"拖延症"或者"拖沓"。与出门去幼儿园相比，给玩具小马搭个马厩对孩子们来说更轻松。迅速更换场景对幼儿园的孩子而言尤为困难，这和他们的大脑发育有关，长大以后大脑的相关部分才会慢慢成熟。但即使是上小学的孩子有时也很难迅速地离开放着牛奶和麦片的舒适餐桌去穿好衣服，因为他们觉得刚刚还在惬意地享用着早餐，现在却不得不出门！

此外，孩子一般不会考虑长期的后果。早上我们脑子里可能想的是"上班迟到意味着必须加速工作，或者可能会错过会议，一切会变得更紧张，老板会怎么说？我上周也迟到了，我还希望几个月以后能加薪呢"。我们在两分钟之内竟然就会想到未来几个月之后的事情，而孩子在两分钟之内只会思考用哪个桌面足球的队员更好。

以上这些知识对我们非常有用。虽然我们还是得按时出门，但如果能理解孩子的这种活在当下的思维方式，那么我们的心态和反应也许会更好。

◎ 做好准备

下面是一些能帮助孩子早晨按时出门的小建议：

● 一起和孩子整理衣柜，把孩子平时喜欢穿的衣服收拾出来。

● 前一天晚上就让孩子选好第二天穿的衣服。

● 接受孩子的穿搭审美可以减少我们的压力。

● 让孩子自己选择换衣服的时间：你想在早餐前还是早餐后换衣服？

● 冬天早上把衣服放在暖气片上，这样穿的时候就很暖和。

● 不要穿很难穿的衣服，比如很难扣上纽扣的衬衫、很紧的连裤袜、拉链不好用的牛仔裤等。

● 晚上就把女儿的长头发梳好并扎起来，这样第二天就不用再花大把时间从头梳理发型了。

● 可以在晚上就准备好孩子第二天要带的午餐：切好蔬菜，放好面包和香蕉，在面包上涂上果酱，把它们放在冰箱里即可。

● 晚上就把早餐放在餐桌上，可以节省早上的时间。

● 晚上记得检查父母是否完成了所有的家长签字，孩子是否装好了第二天在学校的必需品。

● 收拾好书包和衣服并放好。

下面是改善拖延症的建议：

● 多次提醒孩子还剩多少时间。《完美孩子》的作者推荐"5-3-1"规则："我们必须在5分钟之内出门。""还有3分钟就要走了，你现在得穿上外套。""1分钟后我就要去开车了，戴上你的帽子。"

● 使用声音信号。可以设定闹钟或者定时播放喜欢的歌曲。有一些儿童闹钟用红色标记剩余的时间，这样不会看时钟的孩子也能知道还剩多少时间。

● 把早上的时间安排写在海报上，并贴在卫生间门上或者走廊上，包括刷牙、吃早餐、穿衣服、把饭盒放到包里、穿鞋等安排。

● 我还发现，大一点的孩子偶尔会因为想和父母拥抱而要求父母帮他们穿衣服。一开始我的孩子这样做令我很生气，因为他们完全可以自己完成，帮他们穿衣服会浪费我的时间。但现在我把这当作孩子获得关注的一种形式，我相信吉米和露易丝最迟到青春期就会乐意自己穿衣服了。想通了这一点，我们也就轻松多了。

孩子也要承担部分家庭责任

有时我看到孩子房间里的样子会很生气，他们把衣服堆到一起，扔得遍地都是；如果孩子们没有感谢我铺桌子、做饭和端菜，我也会生气；当我们买完东西回家时，所有孩子都冲进屋子里，只有我一个人提着一堆购物袋，这当然也让我生气。怎样才能改变这样的状况呢？

在过去的几年里，我一直都独自完成所有家务，并没有让孩子们帮忙，因为独自干活显然效率更高，和孩子一起做饭或者整理衣物意味着要花更多的时间。习惯就是这样慢慢形成的，某一天家长们会惊讶地发现：自己必须承担所有家务，孩子们就算长大了也不会主动帮忙，而是一直当"甩手掌柜"。当我们坚持在家里大包大揽，孩子自然就会养成"衣来伸手，饭来张口"的习惯。

最好在一开始就告诉孩子，父母希望并且也需要他们一起做家务。孩子小的时候其实很喜欢帮忙，但到了学龄前或者上小学的时候就会发现有很多比洗碗更有趣的事情。我的三岁的小儿子很喜欢洗杯子、整理盘子，但我的另外两个处于换牙期的孩子就不喜欢，他们总有别的事要做。

◎ 解释情况

当换牙期的孩子被要求一起做家务时，他们并不乐意。一方面是因为他们还不习惯；另一方面是因为他们更想在房间里玩或者去和朋友见面。现在就是和他们谈论家务活、让他们承担一部分家庭责任的适当时机。在家庭会议中也可以就此展开讨论（→参见第101页"共同制订和维护家庭准则"），告诉孩子，所有家庭成员都有家庭义务。用我们之前提到的以"我"开头的句式告诉他，你独自完成所有事情的感受。他们一定会明白你通常也不想洗碗和洗衣服，重要的是教导孩子每个人都要有所贡献。具体做什么家务可以根据孩子的年龄来决定。

我们经常说"孩子应该帮忙"，但是这并不意味着他们必须独自承担起全部的家庭责任。我们的目标应当是大家共同承担家务，而不是某一个人负责。分配任务并统筹大局其实也很辛苦，所以如果每个人都能留意家务、了解其中的任务，大家就都会更轻松。当然，这对五到十岁的孩子来说有点要求过高了，我们现在只能是为以后做好规划。

◎ 分配任务与责任

给孩子安排一定的家务让他们负责是最好的，可以先问问他们喜欢做什么。五到十岁的孩子可以完成的任务有很多，如：

- 倒垃圾

- 买小东西

- 整理洗碗机

- 吸尘、扫地

- 整理床铺

- 收衣服

- 给植物浇水

- 换厕纸

- 照顾宠物

◎ 如果孩子不想做家务

如果你已经给孩子分配了任务，孩子也明白做家务的重要性，但他就是不动手干活，那怎么办呢？这样的事情经常发生，在我家也是如此。询问孩子具体的原因是最好的解决方法。很多时候，孩子们说他们没时间做家务但后面会补上；有时他们只是不愿意或者太累了。偶尔帮助他们一下是很有用的，孩子们会感谢你。我敢打赌，其实他们心里是十分想帮助你的。毕竟，我们都有过这样的经历：虽然早该去收拾要洗的衣服了，但我们还是会把洗衣篮放在一旁，就是不想做这件事。

我们可以经常提醒孩子去做家务，友好地请求他们的帮助，同时也向孩子提供一些帮助。长此以往，他们会把做家务当成理所当然的责任，你的挫败感会减少，你也不用独自做完所有家务了。不过这个培养过程需要时间和坚持，一开始我们得降低自己的期待。你很可能和我一样做了许多孩子本可以自己完成的事情，或者你自己迅速地做完了所有家务，没有要求孩子帮忙。因此，如果孩子好吃懒做，那么这其中也有我们的责任，其后果自然是我们总有一大堆活儿要自己扛。这时你需要反思一下：是否已经教过孩子用洗衣机、擦镜子和清洗水槽？我相信，从小事做起，承担起家庭责任一定会让孩子乐在其中。

自从我让孩子更多地参与进来，我家发生了很多变化。我会有意识地确保孩子有能力完成需要他们参与的任务。饭后我的儿子会清扫桌子下面，女儿用抹布擦桌子；三个孩子都会把他们的脏盘子放到厨房里，或者直接放进洗碗机里。当我们度假回来时所有孩子都会帮忙拎包。此外，我告诉他们，帮他们捡地上的脏衣服让我很生气，孩子们就答应以后会把衣服放到洗衣篮里。他们真的会遵守诺言吗？不，偶尔也有例外，但情况会慢慢变好的。

◎ 保持整洁是态度问题

我很喜欢把家里收拾得整整齐齐，每件物品都放在特定的位置，用完以后物归原处。但我的孩子却不这样，他们喜欢把所有东西都放在自己的周围。"收拾"对他们来说就是浪费时间，他们从来不会想把玩具分类后放到箱子或篮子里。

你的孩子肯定和我的一样。在前文中，我已经谈到了收拾房间的问题。由于父母和孩子的想法差异巨大，整理会引发许多潜在的冲突。我们想要保持整洁，因为这让我们觉得更舒服，而且能很快找到需要的东西。成年人都知道，总是找不到东西有多令人心烦。但孩子还没有这种感受，他们坐在自己的房间里沉迷于游戏，并不担心自己在乱七八糟的房间里可能找不到要穿的睡衣。

◎ 整理孩子的房间

孩子们学习保持整洁需要你的帮助。你可以这样做：

● 准备好可以分类放置玩具的箱子或篮子；

● 和孩子一起清理那些不再使用的玩具；

● 少买新玩具；

● 教会孩子珍惜玩具：修补坏了的玩具，爱护自己的东西；

● 如果有朋友来家里玩，建议孩子在朋友离开之前整理好房间。

我们的首要任务是试着接受孩子的房间里不那么整洁的现实，不要因此不停地责怪孩子。虽然很难做到，但这有利于保持好心情。

◎ 客厅的整洁

孩子的房间是他们的私人领域，但客厅、餐厅和卫生间等是家庭公共空间，需要大家一起保持整洁。因此，我建议你们在家庭会议（→参见第101页"共同制订和维护家庭准则"）上就此达成一致。可以让每个孩子每天负责保持一个空间的整洁，把乱放的东西整理好。

日常生活的建议

箱子和篮子有许多用途，晚上可以把客厅、卫生间和厨房里乱放的东西都收到箱子或篮子里，再一一放回原处；可以让孩子听着喜欢的歌曲来收拾，把这件事当成游戏或者比赛；还可以设置一个十五分钟的闹钟，铃声一响就代表今日的整理任务到此为止。虽然孩子总会把家里弄得乱七八糟，但这也是一种"温馨的混乱"。

孩子需要礼貌教育

有一天，邻居家的两个孩子来我家吃午饭。他们俩安静地坐在椅子上，有礼貌地用着刀叉。而我的孩子却在傻乎乎地打闹，他们不仅不用刀叉，还总把食物弄到身上。吉米还从椅子上掉了下来，露易丝也打翻了杯子。我开始抓狂：邻居是怎么教育孩子的？为什么和我教出来的孩子如此不同？

　　如果你的孩子也是这样，我想对你说：孩子在别人家里的行为举止和在自己家里的绝对不一样。我和邻居说，她的孩子们太有礼貌了。她很惊讶，因为她的孩子在家里从来不用餐具。她也和我说，我的孩子在她家吃饭时也特别有礼貌。由此，我可以发自内心地告诉你：不要担心孩子的举止。只要你在家里树立好的榜样、礼貌地对待他人、尊重他人，孩子就会自然而然地模仿。但是这个过程需要一些时间，你可能要耐心地和处于换牙期的小叛逆者们相处。

父母休息时刻

　　我们在家里通常无法安安静静地吃完一顿饭。因此，可以偶尔试试不带孩子出去吃顿饭。例如，请个临时保姆或者请家里的老人来帮忙看一会儿孩子，自己去外面的餐厅享受一顿宁静的晚餐！

◎ 餐桌上的混乱

处于换牙期的孩子应当已经学会了很多：用餐具吃饭、小心地不把食物洒出来、用餐巾纸擦嘴、尽量闭着嘴咀嚼食物等。但实际上他们不一定真会这样做。

培养孩子餐桌礼仪的最好方法就是我们在他们面前树立好的榜样，同时适当地进行引导。还可以多和他们谈谈这些话题：在餐厅或者奶奶的生日聚会上应该怎么做？怎样用高级餐厅里的餐具？为什么张着嘴咀嚼会让别人觉得没胃口？

然而，孩子在家里吃饭的样子总和父母期望的不一样。教育我的孩子遵守餐桌礼仪很难，因为他们压根儿不能理解我喜欢餐桌上安静、整洁的氛围，这时就涉及了亲子不同的需求。可能在你们家里也会这样：处于换牙期的孩子很喜欢玩打嗝游戏。这简直让我无法忍受，但教育学家、沟通训练师伊莎贝尔·格斯魏因（Isabel Gößwein）博士建议我放松心态。她的孩子小时候也喜欢打嗝，她建议父母轻松地面对。我听取了她的建议，告诉自己下次一定不能对孩子那么严厉，因为孩子长大后自然就不会比赛打嗝了。不用为孩子的粗鲁行为感到担心，只要他们知道正确的做法是什么，在正式场合就会知道自己要表现出应有的礼貌。

日常生活的建议

　　每月在家里举办一次"狼吞虎咽"活动。每个人都可以用自己喜欢的方式吃饭，甚至是用手。在这一天里，孩子们可以比赛打嗝，而且必须用手吃东西。孩子们可以尽情玩耍，但同时他们也要认识到不能在高级餐厅或者奶奶的生日聚会上做出这些粗鲁的行为。

◎ "谢谢" "你好"

　　你的孩子或许也是这样的：当他收到礼物或者有人和他友好地打招呼时，他会跑到一旁什么都不说，或者躲在你身后。其实孩子知道应该说"谢谢"，你也告诉过他至少要对别人说"你好"。孩子不遵守社交礼仪会让我们感到尴尬。你一定也担心别人可能会觉得你教子无方。我的建议是放松，就像前面说的那样：孩子从经验中学习，父母是他们的榜样。如果你友好地和别人打招呼，那么孩子也会照着学，等他们长大以后就会大大方方地向朋友问好。当着外人的面斥责孩子，坚持让他说"谢谢"或"你好"，只会让你和孩子都感到尴尬。

我们总是对处于换牙期的孩子抱有过高的期待。因为他们能听懂我们的话，所以理论上他们能按照我们的要求去做。如果他们没这么做，我们就会觉得很尴尬，因为这个年龄段的孩子实际上已经具备了打开家门和客人握手并问候的能力。但我们常常会忘记，孩子这么做需要巨大的勇气。

此外，我还告诉家里处于换牙期的两个小叛逆者，去朋友家玩时，向朋友的父母介绍自己，对他们的款待表达感谢是有礼貌的行为。我相信，总有一天他们会有勇气表达的。

孩子在家里调皮是感受到爱的一个重要标志，他们只有在能感受到爱的熟悉的环境里才会这样。在幼儿园、课后托管处和学校，他们都要控制自己，尽量表现出应有的样子，以符合社会习俗，这对孩子来说已经是很大的进步，我们决不能低估它的重要性。

六个主题：解决换牙青春期的教养难题

五、好好吃饭：培养让孩子受益一生的饮食习惯

饮食本来是一件令人愉快的事，但为什么孩子总是在这件事上给我们添麻烦？为什么处于换牙期的小叛逆者们那么挑食？父母怎么做才能减少买菜和做饭时的烦恼？在这里我会告诉大家不吃蔬菜对孩子是否存在危害，并分享一些普遍适用于孩子的食谱。

"行了，来抱怨吧！准备吃饭了！"——允许孩子抱怨

吉米和露易丝不喜欢沙拉和全麦面包，而且他们在我的强迫之下才会吃最多两种蔬菜，只有饭后的甜点能吸引他们的目光。更令我生气的是他们常常不喜欢我做的新菜。我只能安慰自己：许多孩子都是这样的。

如果你的孩子爱吃蔬菜、愿意尝试新口味，你就可以跳过这部分内容。但如果你的孩子像我家里处于换牙期的小叛逆者们一样，最喜欢吃的是巧克力酱和番茄酱，那我或许可以给你一些建议。我从经验中发现，所有孩子都会抱怨父母做的饭。

我自己就是一个典型的例子。我小时候讨厌所有蔬菜，西葫芦和茄子让我觉得恶心，菠菜的味道简直就是灾难。但现在我几乎什么都吃，喜欢尝试新食物。因此，当孩子厌恶地转过头时，我想到了曾经的自己，又燃起了希望，也许他们长大以后就不会那么讨厌吃蔬菜了。

◎ 吃饭时的不同需求

真奇怪，成年人喜欢安静地吃饭，享受不同的风味，并吃光碗里的食物。当有人为我们煮好饭，甚至把食物端上桌时，我们会因此感到幸福。但许多孩子对此不以为意：他们四处喧哗，不想吃饭，只想吃薯条和面条，不懂得珍惜刚做好的饭。难怪这个话题那么容易引发亲子冲突。

◎ 饭点的选择

根据我的经验，孩子们有时会觉得用餐打断了他们的玩耍。就是因为该吃饭了，他们才不得不从外面回家，尽管踢球正踢到兴头上，或者正沉迷于拼图，难怪他们不喜欢吃饭。出于这个原因，我已经不再期望做好饭时每个孩子都能立刻来用餐。我的建议如下：

● 告诉孩子们吃什么，还有多少时间可以玩；找一个合适的时机打断他们；布置餐桌时就让孩子们过来帮忙。

● 保留商量的余地。如果孩子们要求，可以把吃饭的时间推迟十分钟左右。孩子会因为他们能结束足球比赛或者至少玩到中场休息而感谢你。

◎ 享受的快乐

准备食材和烹饪新鲜食物的乐趣，坐在一起吃饭的舒适氛围，这都是我们通过经验获得的在大脑中根深蒂固的认知。你会不知不觉地把这些因素和自己的经历联系起来：自己做出美味的番茄酱是一件有趣且值得骄傲的事，一边吃饭一边从容地和亲人交谈令你十分享受，刚煮好的新鲜土豆和自制的香草乳酪令你无比满足……然而，由于缺乏这样的经历，孩子们并不懂得这些美好的联系。一旦积极参与其中，孩子们就会越来越享受吃饭的乐趣。

我的建议如下：

● 尽可能地经常与孩子一起做饭。让孩子切菜、买新鲜面包、采摘花园里自种的香料。什么都让他们闻闻，让他们尝试各种新鲜的食物。

● 在阳台上种植西红柿，去地里采摘草莓或播种水芹。这会让孩子体验到动手收获、品尝劳动成果的无限乐趣。

● 一起逛集市，让孩子挑选水果、闻闻带着泥土气息的土豆；一起处理新鲜的食材，参观加工新鲜牛奶的工厂。

◎ "光盘行动"

我认为孩子能清楚地感知自己的身体，能判断自己是否已经吃饱。而我家里的小叛逆者们却总让我吃惊：他们刚刚还嚷着肚子太饱，实在吃不下最后几根面条了，转身却又能吃下一大块甜点。而且他们经常只吃几口饭，就为了一个小时之后能一边喊肚子饿一边要零食吃。为了避免此类问题，你可以和孩子协商制订以下规则：

● 要按照自己的食量取餐，能吃多少就盛多少。原则是第一次最好少盛一点，想吃再盛，这样就不会有剩饭剩菜了。

● 桌上的所有食物都可以先品尝，再决定要不要盛到自己的盘子里。

● 如果不喜欢当天的饭菜，可以吃一片果酱面包代替。

● 饭后甜点不是奖励，而是每个人都有份。但如果吃得和小老鼠一样少，那就禁止用甜点去填饱肚子（你可以向换牙期的孩子解释为什么这样做不健康）。

● 如果在两餐之间饿了，可以吃水果以及生蔬菜。

"噗……我可不爱吃这个！"——假如孩子是个吃饭"困难户"

我的孩子在婴幼儿时期都能乖乖吃饭，他们脸颊圆圆的、肚子鼓鼓的，非常可爱。但从他们三四岁开始，我从早到晚都会听到"哼，我不喜欢吃这个"。奥斯卡现在完全不吃蔬菜，露易丝只吃黄瓜，吉米只吃彩椒和小西红柿。在餐厅里，我们总是只点薯条和番茄酱。我因此开始担心：孩子们这样会缺乏维生素和营养吗？我的儿子会不会太瘦了？是不是我有什么做得不对？为什么别的孩子的情况似乎没那么复杂？

你是不是也会问自己这样的问题？你觉得可能是你没把孩子教好或者太溺爱他们了。我想说，不必为此慌张。这种情况不仅是正常的，而且符合孩子天生的直觉。儿科医生赫伯特·伦茨-波尔斯特（Herbert Renz-Polster）博士是四个孩子的父亲，同时写了许多育儿书籍。他发表在自己的网站"理解儿童"（Kinder Verstehen）上的一篇文章《哼，我不喜欢》（*Iiiiii, das mag ich nicht*）认为，孩子的行为模式可以追溯到原始时代。彼时的婴儿时常远离母亲四处爬行，他们对苦味和绿色的东西很警惕，这是为了避免在探索的旅途中吃到有毒的东西；他们更喜欢甜味和高热量的食物，这样不仅易饱，而且能确保他们活下去。为此他们也很少尝试新的东西，如果吃了味道怪异或使胃不舒服的东西，他们就不会再尝试了。

◎ 注意，有毒！

如今的孩子睡在自己的房间里，不用面对狼或者其他危险，但他们仍然不喜欢独自睡觉，而且吃饭时也依然谨慎。这都是进化的结果，因为原始时代在山洞里被单独留下的婴儿会受到野兽的威胁，什么都吃的孩子很容易中毒身亡。因此，处在幼儿时期和换牙期的孩子仍然保留着天生的直觉。儿科医生伦茨-波尔斯特博士认为，孩子们必须首先了解哪些食物是有益的，虽然他们知道我们不会给他们任何有毒的食物，但他们在潜意识里还是没法完全相信这个事实。甜花生酱面包是一定不会有毒的，但是一闻到芹菜和西蓝花，孩子们的鼻子就会不由自主地皱起来。当然，我们不能因此就永远把芹菜和西蓝花从食谱里删去，只给孩子吃巧克力和奶油。也许你知道他们喜欢吃甜食背后的原因，就不会那么担心了。伦茨-波尔斯特博士认为，在八到十二岁之间，孩子们很快就会变得对食物大胆起来。

◎ 如何补充维生素

对孩子来说，重要的是饮食与健康的关系。对此，我有以下建议：

● 儿科医生伦茨-波尔斯特博士认为，孩子在吃饭时也会向榜样学习。所以如果你不挑食，他们以后也不会对食物挑三拣四。

● 让孩子多品尝，或者至少多闻闻各种食物的味道。你要坚持吃蔬菜，并问问孩子今天想不想尝一口。

● 不要强迫孩子吃饭，他们在积极的氛围和舒适的环境中尝试的效果才是最好的。儿科医生提醒："压力、不满和强迫会阻止孩子自发的尝试，还会导致他们对特定食物甚至吃饭这件事本身产生抗拒心理。"

● 在伦茨-波尔斯特博士看来，就算孩子长期很少吃蔬菜也不必太担心，反而是吃饭时因强迫孩子而产生的紧张或者压力会导致更棘手的饮食紊乱。

● 孩子希望能一起准备食材、做饭。儿科医生说："即使是正在学习吃饭的幼儿也希望真正去体验做饭。"只要我们允许他们坐在"驾驶座"上，他们就会自己启动探索的"引擎"！

"快来，我们一起做个蛋糕！"——和孩子一起做饭和烘焙

露易丝切西红柿，吉米选择面条的种类，然后我们开始烧水、煮面、加入番茄酱。孩子们迫不及待地开始学习如何才能不被热水烫到，或者怎么防止酱汁飞溅。

让处于换牙期的孩子觉得食物可口的最好办法就是让他们一起做。尤其是在孩子小时候，在做好防护措施的情况下，他们会饶有兴致地学习一起做饭。但就算孩子已经超过五岁了，开始了解烹饪的秘密也为时不晚。每个孩子对烹饪感兴趣的程度不同，但是所有处于换牙期的小叛逆者们都会愿意做番茄酱意大利面、煎饼或者比萨等简单菜品。做全家人的饭意味着一

系列的工作，五到十岁的孩子其实能帮你完成其中许多任务。通过这种方式，孩子会直观地认识到食物并不是像施了魔法般地凭空出现在餐桌上，而且自己也能为家庭的一日三餐尽一份力。

◎ 一起决定吃什么

除了让孩子参与做饭以外，让孩子一起决定吃什么也很有意义。你们可以坐在餐桌旁讨论最喜欢的食物。有大家都爱吃的食物吗？孩子有没有最喜欢的菜？能把菜谱里孩子不喜欢的食材换掉吗？想尝试寿司或春卷等新食物吗？你们可以在周日一起讨论，制订下周的饮食计划。如果孩子们知道接下来的几天要吃什么，那么就算有他们不喜欢的食物，他们也能做好适应的准备。

◎ 快乐采购

一起采购会带来很多乐趣！星期六你可以和孩子一起去超市或者菜市场，让孩子发现新的水果或者玩蔬菜猜谜游戏，比如闭上眼睛用鼻子闻后猜是什么蔬菜。这时你可以引导他们少用塑料袋，多买些水果、少买些糖果；还可以和孩子讨论为什么尝试新食物或用特别的东西犒劳自己会让人开心。如果你们家附近有超市，可以让孩子自己去购物。这样孩子能学会如何花钱，并且很快就不会再害怕询问售货员商品在哪里。此外，对于处于换牙期的孩子来说，承担责任并克服恐惧是非常有意义的经历。起初这是小小的挑战，但很快他们就会熟悉并掌握。

◎ 一起去厨房

做凉菜时也可以让孩子帮忙：让他们切菜、准备熟食、拿饮料等；做热菜时可以让孩子在一旁观看，或者让他们帮忙开火、倒油、倒水。小一点的孩子也可以站在小板凳上完成操作。为了防止孩子被开水烫伤或者被刀具割伤，最好先教他们如何使用工具，并让他们注意避开危险。五到十岁的孩子在做饭时还需要大人的帮助，但通过经常练习，到了青春期肯定就能独自煮面或烤饼了。

你们可以一起制做的简单食物包括：

- 千层面

- 各种酱汁拌面

- 米饭配豌豆和玉米

- 自制比萨

- 蔬菜汤

- 炖菜

- 蒸面点

如果你和孩子都很喜欢烘焙，你们可以在周末烤一个美味的蛋糕。你和孩子可以一起浏览网上的菜谱或者享受翻看烘焙书的乐趣。许多孩子都对巧克力夹心蛋糕感兴趣。如果他们喜欢玩橡皮泥，就可以用同样的技巧给蛋糕配上自己捏的糖霜装饰物。此外，一起做饭或者烘焙也是和孩子聊天的好机会。

"餐食计划"——提前计划吃什么，让做饭更轻松

我总是站在炉子前发愣，不知道该做什么菜。要不要冒着孩子不吃的风险尝试新食物？还是按照老方法炸薯条，确保他们都能吃饱？

为了不再有烦恼，我想到了一个新方法。我注意到成年人喜欢变换口味，而孩子喜欢吃熟悉的东西，因此现在我家的食谱是固定不变的：周一面条，周二菜汤，周三比萨，周四土豆，周五甜点。这样孩子们就知道放学后会吃什么，而我在采购时也不用那么纠结了。我列了一个固定的采购清单，里面有基本的食材，还有当季蔬菜和水果，偶尔添点新东西，这样孩子们吃饭时就不会感到无聊。以下是我家的常备食材：

- 面条/字母形状的面条

- 西红柿罐头

- 各种蔬菜

- 新鲜奶酪

- 烤豌豆

- 比萨饼（酵母、面粉、油或现成的面团）

- 土豆

- 面粉

- 鸡蛋

- 黄油

- 大米布丁

- 麦芽布丁

◎ 周一：花式面条

每周开始的时候我们总会吃面条。许多孩子和我的女儿一样，只吃没有酱汁的面。如果你的孩子也是这样，可以试着劝他尝一口酱汁。此外，你也可以和孩子一起制作面条。在无聊的周日下午这会是一个很棒的创意项目：用水、鸡蛋和面粉做好面团，然后就可以开始了！

可以试试以下不同口味的面条：

- 番茄酱面

- 肉酱面
- 鸡蛋火腿面
- 千层面
- 香肠肉酱面

◎ 周一：蔬菜浓汤

你可以借此让不喜欢吃蔬菜的孩子补充一些维生素。先采购胡萝卜、土豆、西蓝花、花椰菜、西葫芦等应季蔬菜，把它们蒸熟或放到水里煮熟；然后把所有的东西搅拌成泥，再用奶油、新鲜奶酪和盐调味；最后放上烤豌豆、香肠或者字母形状的面条作为搭配。

日常生活的建议

给菜汤起个好听的名字。我家的菜汤是根据季节命名的，比如"春日浓汤"和"秋日浓汤"。这样孩子就可能忽略这些汤实际上是用蔬菜做的。

◎ 周三：各色比萨

烤比萨非常简单！孩子也很乐意帮忙做。你可以买成品面团或者自己制作。把面团揉开，涂上香香的番茄酱，加入碎奶酪，然后放到烤箱里。还可以把辣椒和橄榄放到比萨上，摆成笑脸的形状。比萨面团还可以做成以下食物：

- 韭菜饼
- 洋葱派
- 烤馅饼
- 比萨盒子
- 比萨卷

◎ 周四：土豆全席

没有什么食物比土豆更具"可塑性"了。我们在家里可以常备土豆，因为用它可以做成孩子最喜欢的食物——番茄酱薯条。自己做的薯条比餐厅或者小卖部的薯条健康得多。先把土豆削皮，切成条状，再放入容器，加入几勺油、彩椒粉和盐，盖上盖子，摇一摇，然后放入烤箱，用180~200℃烤30~40分钟。

除了薯条，土豆还可以做出很多菜肴：

- 土豆配香草酸奶

- 鱼饼土豆

- 土豆番茄汤

- 土豆饼

- 煎土豆

◎ 周五：幸福甜点

如果用甜点来庆祝一周上学日的结束，孩子会更加渴望周五的到来。我的孩子最喜欢的甜点是加了巧克力奶油或者苹果酱的煎饼。孩子五岁时就可以学习做简单的煎饼面团，经过几年的练习之后他们就能独自烹饪这道甜点了。

孩子喜欢的甜点还有：

- 蒸糕

- 大米布丁

- 甜粥

- 甜馅包子

- 鸡蛋煎饼

- 软吐司

六、性启蒙：安全度过性敏感期

处于换牙期的孩子会问很多问题，他们对性特征和性行为也很好奇。为此我们可以给他们准备一些相关主题的儿童读物。在这个年龄段，孩子想要了解自己的身体，父母则更要尊重和保护他们的隐私。

"我是怎么到你肚子里去的？"——回答孩子那些关于性的问题

当我们一起看旧照片时，露易丝问我："那时我在哪里呢？"

照片上只有父母和她的哥哥吉米。

"那时候还没有你呢！"我回答。

"那为什么现在有我了？"露易丝问。

我可以把送子仙鹤的故事讲给她听，但那样做太愚蠢了。

我的女儿很快就要上学了，学校里一定有孩子知道婴儿是如何出生的。因此，我不想讲童话故事给她听，但真实的故事该从何说起呢？

◎ 父母的性生活

孩子们到了一定的年龄就会开始怀疑复活节兔子和圣诞老人是否真的存在。这时我们会觉得是时候告诉他们真相了。让处于换牙期的孩子保持怀疑或者自己去探索真相是没有意义的，因为孩子有权知道真相，而且他们已经做好了接受真相的心理准备。

生育话题也是一样。我们可以告诉处于幼儿时期的孩子，父母只是在床上依偎亲热，但处于换牙期的孩子还想了解更详细的信息。向孩子解释为什么创造婴儿的过程必须要一个男人和一个女人才能完成？为什么仅仅抱一抱是不行的？这对我们来说并不容易。我们应该使用什么术语？阴道还是女性生殖器的儿童化表达？阴茎还是男性生殖器的儿童化表达？这听起来多少有点好笑。我们应该描述多少细节？我们应该说性交还是做爱？如果你也想问这些问题，查阅资料会对你有所帮助。

◎ 看看儿童读物怎么说

如果你不确定怎么向处于换牙期的孩子解释，我建议买一本合适的儿童读物。你们可以一起阅读，这也能帮助你克服寻找词汇的困难，正确地描述生育过程。此外，孩子们喜欢看图画书，书上的插图能以孩子可理解的方式解释要点。

◎ 提升包容度

顺便说一句，我建议你告诉孩子，现代家庭的形式是多样化的，比如有的孩子平时只跟爸爸或者妈妈生活。我们还可以向孩子解释什么是收养，即人们可以成为非亲生子女的父母。这样孩子从小就能知道，除了父母共同生活的家庭以外，拥有其他生活形式的家庭也是正常的。

◎ 谈谈孩子的出生

此外，你们还可以一起翻看你怀孕以前和怀孕时的照片。和孩子谈谈他的到来在令你疲惫的同时是多么神奇，以及他是如何出生的。这样他就可以把自己的故事和书里的信息做比较，从而更好地理解这一过程。

◎ 找到合适的词汇

如何称呼生殖器官，以及在性教育方面的开放程度，这都可以由父母自行决定。总的来说，我认为儿童应当享有与年龄相应的知情权。这尤其适用于处于换牙期的孩子，因为他们需要了解一定的基础知识才不会被同学嘲笑。在谈论性知识时，父母表现得越开明，孩子跟自己身体的关系就会越正常。

"这种感觉好舒服！" ——孩子们的性

我一个朋友的女儿最近和她说："妈妈，我们今天在幼儿园玩了扮演医生的游戏，我们给所有人做了体检。"我的朋友听完有点担心，她想知道孩子们具体做了什么，因为这让她想起了自己小时候和朋友扮演医生时玩过头的经历。之后我们讨论了父母应该允许哪些行为，以及在什么时候可以更好地对孩子进行干预。

虽然孩子和成年人的性别特征有所不同，但孩子也是有性别意识的。父母应该尽早注意到这一点，引导孩子从小认识自己的身体和性别，目的是让他们接受自己的身体，并获得身心的舒适感。如今，外表在社会生活中显得格外重要，孩子在青少年时期会持续受到社会观念里所谓的"完美形象"的冲击。因此，我们应该尽早地培养他们正常、健康的身心关系。

◎ 允许触摸

孩子在婴幼儿时期就开始通过触摸来了解自己的身体。处于换牙期的孩子也很喜欢这么做，父母不该阻止孩子。比较内向的孩子可能在很小的时候就会产生羞耻感。

因此，我们最好及时向孩子解释一下，探索自己的身体是完全可以的。这是他们自己的身体，当然可以触摸。不过，现在也到了让他们了解社会规范的时候。孩子们应该知道，在他人面前触摸自己的私密部位是不合适的。此外，我们也要告诉他们，成年人也不能在他们面前做这样的动作。这样可以提高孩子对于性暴力的自我保护意识。

你可以向孩子解释说，他们独处时可以触摸自己的身体，比如晚上睡觉的时候。最好能客观地谈论这件事，不要开玩笑，否则更会让孩子感到羞耻。孩子从小就能认识并接受自己的身体，这对于青春期的身心健康是很有益的。

◎ 保护隐私

一定要明确地告诉孩子，任何人都不可以触摸他们的私密部位。只有医生在做体检时才可以这么做，比如儿科医生需要检查男孩的睾丸。在这种情况下，父母是在场的，孩子也是安全的。孩子应该知道，除此之外，任何成年人都不能触碰他们的性器官。

父母帮五六岁的孩子洗澡时正是教他们学会自己清洁身体的最佳时机。你可以告诉他们如何清洁自己的私密部位，让他们试着自己洗。通过这种方式，你向孩子表明：作为母亲或者父亲，你尊重他们的隐私，并且相信他们能够照顾好自己。

◎ 医生游戏

当学龄前或者小学阶段的孩子在一起玩耍时，他们往往会对彼此的身体非常感兴趣。他们会扮演医生，互相检查身体，甚至可能会脱掉衣服。当你和孩子谈到这个话题时，要告诉他们，没有人可以强迫他们这么做。

许多孩子还会跟兄弟姐妹们一起洗澡，他们对彼此的身体也会感兴趣。你要告诉孩子，不可以在玩耍时把手指或者其他东西放入身体的任何开口中，这可能会造成身体和精神的伤害，所有孩子都不能这么做。

◎ 不要区别对待男孩和女孩

尽管我们会觉得难以启齿，但还是得及时和孩子讨论私密话题，认真而严肃地回答他们的所有问题，尽可能地使用正常的术语，不要区别对待男孩和女孩。探索自己的身体是正常的事，这对女孩和男孩来说都一样。在我们的社会中，人们认为女性应该在性方面保持克制，相比之下，社会对待男性的欲望则宽容许多。为了使我们的孩子能够在性别平等的氛围中成长，让女孩对性行为保持开放的态度，并将其视为正常和自然的事情非常重要。

"不！我不喜欢这样！"——保护孩子远离性侵害

作为父母，我们很难接受社会上存在针对儿童的性暴力犯罪。但事实是，这种可能性确实存在，侵犯者往往是更大的孩子甚至成年人。我们需要让孩子提高警惕、变得坚强，但同时也不能吓到孩子，那么我们应该怎么做呢？

这个话题既困难又重要，与父母和孩子都息息相关。我们要对孩子负责，保护他们免受性暴力的侵害。那你是否知道这个话题会涉及哪些方面？我们具体应该如何保护孩子？

◎ 让孩子变得坚强

在这方面，我们已经迈出了第一步。如果父母能给孩子安全感和自信心，能满足他们孩子气的要求，那么他们在遇到烦恼时就会来找你，这有助于增强孩子的自我认知。坚强的孩子会坚持自己的底线，也懂得明确地拒绝。因此，我们平时就要尽量避免强迫孩子按照我们的意愿行事，无论是在饮食还是穿着打扮等方面。

◎ 谈论侵犯

父母的第二步任务是向孩子解释性行为以及性侵犯的相关内容。前文已经讨论过该如何去做这件事。另外，我们还要告诉孩子，有些人会利用孩子对他们的信任，试图触摸孩子的私密部位，而且这些侵犯者往往把他们的行为说成是和孩子之间的秘密。我们要让孩子知道，他们可以和最好的朋友共同保守秘密，但如果有人想让他们隐瞒触摸、拥抱或者其他私密的事情，这就是错误的。告诉孩子，他们随时都可以把这些"不好的秘密"告诉你，就算别人要求他们不要说出口。

最重要的是我们要多跟孩子交谈。如果我们无视性暴力的危害，那么当孩子遭遇类似的伤害时，他们也许会保持沉默。因此，我想鼓励大家用心陪伴孩子的性心理发展过程，教育他们，与他们谈论日常生活中存在的危险。这样孩子们才能学会自我保护和尊重他人。

◉ 更多信息

针对儿童的性侵犯通常来自熟人或者家庭成员。有1/3的侵犯者年龄在21岁以下，这意味着伤害可能是由高年级的同学或者年轻的成年人造成的。此外，女性也会对儿童进行性侵，不过德国健康教育中心网站上的数据显示，这一比例仅为10%。

要注意的是，在互联网上也可能发生侵害。因此，我们必须留意孩子在网络上的经历。（→参见第217页"'媒体迷娃'：合理使用网络和电子产品"）

日常生活的建议

试着和孩子一起大声、清楚地说出"不要"。你们可以并排站立，伸出右臂和手掌，数出1、2、3，然后一起喊出"不要"或者"停"。这可以帮助孩子处理许多紧急情况。

七、坚强自信：让孩子勇于独立探索

父母的任务是为孩子准备好巢穴，同时给他们飞翔的翅膀。一个有安全感的家固然重要，但让孩子变得独立也是必要的。独立过程的速度并不重要，重要的是父母正确的陪伴。许多孩子在迈出第一步时需要很多鼓励，但也有些孩子自己就能做到。我将在这里讲一讲如何鼓励孩子适应外面的世界。我也会谈到，要给敏感的孩子一些时间和信任，以及我们作为父母要培养自己放手的能力。在孩子的换牙青春期，许多冲突都是围绕着飞离巢穴的第一步和随时都能回家的安全感而产生的。

"没有你陪着我可不行！"——独立对于孩子和父母都是一种挑战

我坐在家里等孩子。吉米和露易丝已经出去20分钟了，按理来说他们早就应该买完面包回到家里了。我还要等多久？或许我不该让他俩自己出门？希望他们过马路的时候小心。想到这里我听到远处传来孩子们的笑声，他们开心地回家了，眼睛里闪烁着骄傲的光芒。吉米一边脱鞋一边向我喊道："妈妈，我们给大家买了巧克力羊角面包！"

处于换牙期的小叛逆者们需要一个他们偶尔能当回小宝宝的地方。他们想得到关心和照顾，希望父母能倾听、关注他们。但正如他们需要一个充满安全感的小窝一样，他们也迫切地需要飞翔的翅膀来探索这个世界。

媒体上经常会有一些关于"超人父母"的讨论，批评有些父母放不开孩子。父母对孩子是否过于关心，这个问题其实非常主观，在此讨论的意义不大。我们真正应该重视的是，父母对孩子的过度担忧和恐惧可能会导致孩子无法独立。在我们的小镇上，有些家长在孩子的整个小学阶段都会替孩子背着书包，显然，他们从孩子手中接过书包时没有意识到，孩子本应学会自己肩负起这个责任。

父母肩上总是背着孩子的书包，这是一个典型的形象，代表有些父母从孩子身上接过了太多责任，孩子很可能因此变得不成熟。许多学校出于对孩子隐私的考虑，禁止他们佩戴有定位功能的手表，因为父母可以通过手表随时"跟踪"自己的孩子。在足球训练时，父母站在看台上观看孩子训练，有些父母甚至会参与到训练中，为孩子加油或者指点他们。孩子没法摆脱父母无处不在的监视，然而一定的自由空间对换牙期儿童来说其实非常重要。

"你可以做到！"——鼓励孩子走向独立

在五到十岁之间，孩子会有许多新的生活体验。因此，他们会非常需要父母，因为父母是他们最亲密的人。他们尤其需要我们鼓励他们迈出第一步。这一步对有些害羞的孩子来说确实困难。此时，爸爸妈妈应该站在他们身后，告诉他们："你一定可以做到！"但如果我们自己也很担心，那就会让孩子更加忧虑，甚至因此无法鼓起勇气。如果孩子发现连爸爸妈妈都很害怕，那他们的勇气将从何而来呢？如果你非常担心孩子，经常想象他会遇到各种困难，那么你首先需要的是克服自己的恐惧。如果我们过度担心并让孩子察觉到了这一点，这将可能成为他们一生的负担。就像孩子会自然而然地接受我们的价值观、社交礼仪和世界观一样，他们也会继承我们的焦虑。

◎ 提高孩子的社交能力

父母帮孩子减轻负担本是出于好意，但是却没有意识到，每次帮孩子完成任务都是在对他们表示：我不相信你能做到。如果父母在安全的情况下仍不让孩子独自上学，那么孩子就会觉得父母不相信他有自己过马路的能力；通过定位软件追踪孩子则是在告诉孩子：爸爸妈妈不相信你，或者世界上全是想绑架小孩的坏人；如果父母帮孩子背书包，孩子就会觉得爸爸妈妈认为自己还没有足够的力量来背起书包。

我们的言行举止都在给孩子传达信息，孩子会以比我们想象中更快的速度获得这些信息。当孩子能够量力而行并为自己和他人承担起责任时，他们会觉得自己是强大的。因此，我们应该偶尔后退一步，让孩子自己完成任务。我知道这并不容易。长期以来，孩子显得弱小又无助，自然需要我们的帮助，但现在是时候慢慢放手，让他们迈出第一步了。我们总是围着孩子转，这其实对他们并没有任何帮助。孩子对父母的看法异常敏感，他们能精准地理解我们眼中的世界。因此，认可孩子的社交能力、优点和力量，无论对父母还是对孩子而言都意义重大。

◎ 感受自我效能

如果我们的忧虑给孩子带来了恐惧，让他们觉得周围的世界非常危险，他们就无法"长出飞翔的翅膀"；但如果我们乐观地看待周围环境、客观地评估风险、鼓励孩子并信任他们，他们就能"展翅高飞"。孩子并不是我们的个人财产，他们只属于他们自己。比起感受到自己的能力、鼓起勇气迈出第一步，没有什么其他事情更能让处于换牙期的孩子感到自豪。学习游泳、第一次独自去买面包、自己从图书馆里借书或者自己做饭等都是孩子的积极正面的经历，有助于他们发展出健康自信的心理。

我们要给予孩子体验成功的机会，把孩子当作有勇气、有责任感、目光长远、自信且强大的个体，不断鼓励他们变得更加独立，同时在他们需要帮助时伸出援手。帮孩子背书包并不是我们的任务，我们只需要站在他们身后支持他们，比如帮忙拿出几本过重的书，让他们知道自己完全可以背得动书包。

"我自己去！"——那些孩子可以独立完成的事情

吉米放学路上的经历可谓丰富多彩：在街区"探险"、和同学吵架、和最好的朋友一起做游戏，或者意外找到"宝藏"。他经常开开心心地很晚才回家。有时我也会紧张地等待，甚至会去外面迎接他。这对我和吉米来说都是很好的练习：我学着放手，吉米则学着承担责任。

◎ 交通安全

在孩子能够独自迈出第一步前，你应该为他做好相应的准备。首先就是最重要的交通安全。也许你经常和孩子一起出门，下次当你们过马路时，试着让孩子自己观察路况。如果他忘记了先看有没有车，那你就及时指出来，并让他牢记这件事。还要告诉孩子避开自行车、正确地走斑马线和遵守交通规则。当听到警笛声时，必须先小心地停下来；当路边的汽车挡住视线时，要格外注意观察两边。如果你们出行时经常乘坐公共交通工具，要告诉孩子正确的做法，让孩子时刻保持专注、不依赖家长。加强这方面的练习有助于提高孩子的安全意识。你们可以经常一起玩相关的游戏，比如让孩子带着你过马路，这样你就可以借此观察他是否具有足够的安全意识。接下来就可以让孩子自己过马路了。当然你们还可以在孩子入学之前就时不时路过将来他要去的学校并观察交通状况，以便让孩子尽早熟悉上学的路线。

◎ 制订应急计划

你应该告诉孩子一个人在外面迷路或者突然遇到困难时该如何寻求帮助，包括他可以去按哪一家邻居的门铃、可以去哪一家商店求助。孩子独自出门时最好随身背一个小包，里面放着你的电话号码和一些零钱。此外，还可以购买那种能刻上电话号码的腕带。定期让孩子背诵家庭地址，让他们牢记家长的全名。在孩子上小学时，普通手表是一个非常有意义的礼物，因为孩子很快就能学会看时间，这样你们就能约好到家的时间了。

◎ 第一次外出

孩子第一次独自外出的时间因人而异。有的孩子对此非常期待，但有的孩子却不愿意。我们可以试着让不敢自己出门的孩子走在我们前面，或者让孩子只独自走一小段路。不要逼迫孩子独自外出，只需告诉他，你们会继续练习这件事，等他有足够的勇气时再和你说。孩子可以从短的、熟悉的道路开始练习，比如去街角面包店的路。孩子最好和兄弟姐妹或者朋友们一起进行这场小冒险。就算路途中出现了一些问题，孩子返回来也没关系，你可以鼓励孩子再试一次："没关系，下次一定能行！"

◎ 上学的路

自己去上学是件快乐、有趣的事情，在路上可以认识新的朋友、做恶作剧、冒险。孩子们会交流周末发生的事情，交换收集的卡片，还能学会为自己辩护或者争吵。在上学的路上，孩子们可以跑来跑去、舒展筋骨，这有助于他们在学校里集中精力。孩子在路上还能学习如何与其他孩子相处。因此，如果你的孩子可以步行去学校，就不要开车送他，最好可以让他和同学一起去学校。如果孩子一开始不愿意单独出门，你可以先陪着他、鼓励他，让孩子循序渐进，从一小段路开始，慢慢地增加距离，总有一天会成功的。

如果上学的路很长或者不太安全，那么刚开始时父母肯定不能让孩子独自上学。孩子可以和同学组成小分队，由家长们轮流跟队护送上学。这个方法也适用于乘坐公共交通工具上学的孩子。如果只能由父母开车送孩子上学，那就不要直接送到校门口，因为太多私家车堵在校门口会给走路上学的孩子带来安全隐患。小学生们不像成年人那样会观察路况，倒车摄像头也不能防止所有危险情况的发生。学校附近的车辆越少，对所有孩子来说就越安全。可以让孩子在离学校不远处下车，这样他可以和其他同学一起进校。

"我敢吗？"——没有父母陪伴时在别处过夜

我的女儿一脸开心地回到家里，因为在开学前不久，她和朋友还有幼儿园的老师一起体验了在户外过夜的乐趣。后来她才告诉我，那天晚上她独自醒了，当时感到很害怕，于是她缩进被子里打开了手电筒。这次克服恐惧的经历使她变得更加坚强了。

有些孩子从小就能自己在祖父母家过夜，但对另一些孩子来说，第一次在没有爸爸妈妈的地方睡觉是一个巨大的挑战。

我只能建议你慢慢尝试，或者和孩子一起练习。总有一天孩子会想在派对结束后直接睡在好朋友的家里，或者参加学校组织的过夜活动。没有比和小伙伴一起把头埋在被子里更有趣的事情了。当然，在外过夜时孩子偶尔也会很想家，年龄大点的孩子也可能会出现这种情绪。

◎ 第一次安全测试

如果你的孩子不习惯入睡时没有父母的陪伴，可以先鼓励他试试，并且制订一个应急方案。如果孩子的好朋友或者祖父母住在你家附近就太好了，这样的话，当孩子晚上想家时就可以把他接回来。但也有可能孩子很喜欢在外面住，不会想念父母。我们最好能让他们慢慢习惯偶尔没有父母陪伴的夜晚，这样的话，当家里发生紧急情况，如父母半夜紧急就医时，孩子独自在家才不会感到太大压力甚至焦虑。孩子甚至还能学会通过转移注意力来克服想家的感觉，比如品尝奶奶送来的热巧克力，或者一边吃爆米花一边看电影。

日常生活的建议

孩子在外留宿之前，最好把他喜欢的玩具、小LED灯、手电筒、安慰枕头和家庭合照等放到一个小袋子里备用，孩子想家时就可以把这些拿出来。

◎ 想家的烦恼

如果孩子某天突然又完全离不开父母、不愿意在外留宿了，这也无须担心。当孩子处于迅速成长的阶段或者需要克服较大的挑战时，他们通常都更迫切地需要父母的慰藉。类似的"退步"算不上坏事。处于换牙期的孩子似乎偶尔又会回到幼儿时期的行为模式里，这只不过是因为成长或者战胜困难需要付出很多努力和力量。如果孩子觉得自己需要父母在身旁，请允许他们这么做，给他们足够的力量来克服困难。

我还记得自己虽然从小就喜欢去祖母家住，但在七岁时突然变得一刻也不想离开自己的家了。所以，处于换牙期的孩子仍然需要很多鼓励，需要确定自己随时能够依赖父母，然后他们才能努力超越自己。

"妈妈，你会陪着我吗？"——给敏感的孩子更多安全的陪伴

朋友家七岁的女儿不敢一个人去参加小伙伴的生日派对。我的朋友不愿意强迫孩子，但同时又担心孩子会因此被女孩团体排挤，所以她很为难。幸好她和那个过生日的孩子的母亲聊了聊，得到了对方的理解。于是，她也跟着女儿去吃了蛋糕，下午就坐在人家花园里看书。一年之后她的女儿就克服了这个心理问题，再也不需要妈妈陪着去参加朋友的生日派对了。

我认为，孩子天生就各不相同。如果你的孩子总是勇于尝试新鲜事物，也并不一定是遗传使然。内向、胆小的孩子也是同样。如果你的孩子非常谨慎，那么他可能就比其他孩子需要更多的家庭温暖和成长时间。

变得独立自主是人类生存的本能。孩子们生来就具有生存

能力，即使是内向的孩子也渴望成长、获得经验，只不过他需要更多的时间。新的环境、新的体验、陌生人等都会让孩子感到害怕。就算是成年人也可能会因为新工作或者搬到一个陌生的城市而感到不知所措。

你肯定知道，孩子是需要休息和放松的。对于敏感的孩子来说，临近幼儿园毕业到升入小学可能并不是一个愉快的过程，因为他害怕无法应对新的环境。对此父母要多一点耐心，不要把你的孩子和那些十分期待去上小学的孩子做比较。就算孩子不愿意自己去学校或者参加朋友的生日派对也不是什么大问题。告诉孩子，只要他需要，父母就会永远支持他。慢慢来，相信内向的孩子总有一天会对新的变化敞开心扉。

"我特别担心你！"——父母会觉得放手很难

露易丝和吉米去年和祖父母一起度假的那个星期我过得十分惬意，因为带一个孩子可比带三个孩子轻松多了。但同时我也很想念他们，他们回家时我也很开心！吉米和露易丝晒黑了，两个人都学会了游泳，他们说今年夏天还想去度假。

你一定也体会过想念孩子的难受滋味。虽然孩子不在家时，我们终于可以安静地享受属于自己的时间，但很快我们就会开始疯狂地想念他们。孩子给我们带来了前所未有的情感体验，我们无法想象没有他们的生活，难怪我们总是对他们如此牵挂。我有时会躺在床上难以入眠，想着如果孩子出事了要怎么办。这样可怕的想法甚至让我屏住了呼吸，我不得不为了入睡而分散注意力。"拥有的越多，失去的也会越多"，我从未感到这句话如此贴切。然而，父母绝不能因为过于担心孩子发生意外而失去理智。

　　处理自己担忧的情绪、直面恐惧有助于我们成为更好的父母。想一直把孩子藏在襁褓里，使他们永远远离潜在的危险，因为担心失败而不相信他们的能力，这实际上都是我们想控制孩子、不愿面对失去孩子的恐惧的表现。孩子有体验的权利，也有犯错的权利，他们可以选择自己走的路。医生、作家和教育学家雅努什·科尔恰克（Janusz Korczak）主张尊重儿童、实行对话教育。他提出儿童的三项权利：保持自我的权利、享受当下的权利、决定自己生死的权利。最后一个权利乍一听特别吓人，但它有一定的道理。我们不能因为担心孩子发生意外就剥夺他们体验生活的权利。父母的过度保护绝对不利于孩子的成长。

就像孩子必须学会适应换牙期的生活、幼升小的变化，学会交朋友以及和老师相处，我们也必须学会放手。幸好在孩子从家里搬出去之前，我们还有很多时间。孩子可以和祖父母去度假、露营，或者参加学校组织的旅行。他们有时会在操场上玩得忘了时间，或者在回家的路上磨磨蹭蹭，如果你控制不住自己过度担心，可以及时寻求帮助：和你的朋友、伴侣聊聊这个问题，或者咨询心理医生。迈出这一步并不容易，需要很大的勇气，但这么做是正确的。

处于换牙期的孩子很喜欢和同龄人一起玩，此时父母会突然觉得有了一些属于自己的时间。享受这样的机会吧，你可以安静地阅读、培养新的兴趣、和朋友相约。在孩子很小的时候，许多事情我们都做不了，现在我们又可以专注自身了！

教育难题：帮帮我！孩子想要一块智能手表！

"妈妈，我也想和芬恩一样有智能手表。"当孩子向你提出这样的愿望时，你得谨慎对待。很多上小学的孩子都想拥有一块智能手表。除了查看时间以外，智能手表还有运动量统计、照相、定位等功能，所以许多家长认为这样就能随时知道孩子的位置了。

然而，许多学校禁止学生使用智能手表，因为它会让孩子分心、发出哔哔声，甚至录音。此外，智能手表还有可能侵犯孩子的隐私权。父母首先要信任孩子，孩子才会变得更可信。用智能手表掌握孩子行踪，只会破坏亲子之间的信任。

智能手表实际上是一个"镣铐"。如果孩子回家晚了一些，父母就会忍不住在手机上查看孩子的位置。其实父母根本不必这么做，这样的行为不过是出于好奇而已。一旦这样做了，孩子就失去了真正的自由。父母应该允许孩子在达到一定的年龄时独自出门。如果孩子回家晚了让你担心，完全可以和他们进行沟通，教导他们准时的重要性，这样孩子就会变得更可靠。

此外，如今处于青春期的孩子几乎都有了可以随时联系的手机。因此，我们还是让处于换牙期的孩子们多享受一会儿"安静的世界"吧。他们用普通的手表也能学会准时，普通的电子表也有闹钟功能，可以提醒孩子们按时回家。

八、我是小学生：让孩子拥有良好的学习态度与习惯

在幼儿园的最后一年里，大部分孩子都会期待去上小学，也有些孩子会担心即将到来的新生活。父母则对孩子的入学准备非常关心。的确，孩子入学会给家庭带来很多变化！你将在这里了解如何解决孩子入学期间的问题。在谈到家庭作业的问题时，我采访了一名经验丰富的老师，她提供了许多实用的建议。此外，我还会谈到孩子的第一笔零花钱。

"我马上就是小学生了！"——幼升小阶段

露易丝从幼儿园回到家时非常兴奋："妈妈，我们今天学习了系鞋带，还用亮晶晶的新鞋带练习了打蝴蝶结。"她和其他学龄前的孩子们在每个周二都会学一些新东西。每个孩子都很兴奋，觉得自己的人生即将开启新的篇章。但他们偶尔也有

一些担心，似乎在想：我能应付这一切吗？为什么大人把上学看得那么重要？

在幼儿园的最后一年里充斥着各种入学前的活动，如入学能力测试、小型的学前班等。孩子们会了解一些运动和认知的基础知识，大人也会帮孩子挑选合适的书包。此外，所有的亲戚朋友都会和孩子提起上学这件"大事"。大多数孩子都快乐地期待着开学，但也有一些孩子对此抱有疑虑。

◎ 迈出一大步

重要的是我们要意识到孩子的这两种分裂的情绪，不要过于强调上学这个话题。我想起一年前，在大儿子吉米上小学之前，我经常和他说"以后上学了就不能再这样了"，或者"你在上学前必须学会这个"。这样的话听起来多少有点令孩子厌烦和沮丧。

在入学期间，孩子经常会听到"你即将开启一段严肃的人生"这样的话，但这未免夸张了。在进入新阶段时，学校首先会帮助刚从幼儿园毕业的孩子适应学校生活。老师不会对孩子抱有过高的期望，因为每个小学老师都知道，这些新学生首先要了解并适应新的规章制度、课间休息规律以及陌生的教室。上学对于孩子来说意味着迈出一大步，因为不久前在幼儿园里他们还是"大孩子"，他们知道每天要做什么事情、他们的任务是什么。但是学校则是未知的领域，他们得慢慢从头开始探索。因此，孩子们不得不重新开始，一下子成为学校里"最小的孩子"。他们必须学习新的规则，学会和新认识的人相处。入学前孩子们也意识到了这一点，所以他们在喜悦的同时也感到了恐惧。有些孩子的恐惧表现得非常明显，父母会发现他们对上学充满了抗拒；另一些孩子的恐惧则不太明显，它往往通过暴躁、胃痛、噩梦或其他引人注意的行为表现出来。如果你的孩子在临近入学表现出异常行为，可能是因为他对即将到来的生活感到不安。

◎ 入学前阶段的攻击行为

入学压力带来的不安有时会导致孩子出现攻击行为。许多父母发现自己的孩子时常因为一些小事就大发脾气，陷入生气和绝望之中。"换牙青春期"这个词在此时有了更深层的意义。然而，与真正的青春期不同，并不是激素水平的变化引发了这些行为，孩子这样做的原因是他们意识到自己很快就要去上学了。当人们对某些情况感到无助时就会采用来源于石器时代的古老方法——战斗或者逃跑。入学是一件无法估量、无法逃避的事情，孩子们觉得其中必定是危机四伏。这些压力不断地堆积在他们的脑海里，最终以狂怒的形式释放出来。

◎ 如何缓解孩子的不安情绪

教育学家卡蒂亚·赛德（Katja Seide）和丹妮尔·格拉夫（Danielle Graf）在以儿童入学前阶段为主题的博客中分享了许多经验，告诉父母当孩子缺乏安全感或做出攻击行为时应该怎么做。首先，孩子们这么做并不是针对父母，反而是信任父母的表现，因为在父母身边感到很安全，所以他们会展现出自己最真实的感受。孩子在家里胡闹是因为知道父母无论如何都会一直爱着他们。虽然这些胡闹会给父母造成不快，但了解了背后的原因我们就会知道这是一个正常的发展阶段，孩子并不是喜怒无常的人。卡蒂亚·赛德说："父母不必忍受孩子的所有情绪，父母也可以生气。但要记住，孩子只是在寻找一个发泄的方式。"

父母可以让孩子做一些需要克服恐惧才能完成的任务。专家说："这样的方式会触及恐惧的极限，孩子就会想办法去解决这个问题，通过解决问题让孩子发现自己的能力，继而消除对上学的恐惧。"

以下任务都可以让孩子意识到自己有足够的勇气应对挑战：

- 独自去面包店；

- 使用小刀，并与父母一起雕刻；

- 简单地熨烫衣服；

- 学习使用电钻；

- 完成简单的缝纫机操作。

这样的练习在整个换牙期内都很有用。赛德和格拉夫认为，孩子应该做一些能让他们感到自由、消除恐惧的事情。

我们无法在生活中避免所有的不利情况，但幸好只有极少数情况会真正让我们感到彻底的无助，而且只要发现自己有能力应对恐惧和忧虑，那么在面对挑战时我们就会更加自信、从容，这对处于换牙期的孩子而言尤为重要。发现能够运用自己的力量克服困难，这是孩子人生中宝贵的一课，接着他们就能慢慢消除对学校的恐惧。

◎ 幼升小需要哪些必备技能

孩子需要做好哪些上学的准备？需要掌握哪些技能来顺利度过小学阶段？幼升小阶段，你可以和孩子一起做一些相应的练习，这些练习不用特意教给孩子，在日常生活中即可轻松完成。

例如，在行动能力方面，可以和孩子做以下练习：

自己穿衣服。在学校里，老师没有时间在体育课结束后给小学一年级的孩子换衣服或者穿外套。可以先在家里让孩子练习一件一件地穿衣服，每周增加一种新的衣服。几周以后孩子就会自己穿衣服了。

自己系鞋带。我觉得让小学一年级的孩子自己系鞋带肯定有点困难。我八岁的儿子现在才学会系鞋带，在这之前他一直穿不用系鞋带的鞋子。所以，如果你的孩子在刚上小学时不会系鞋带你也不要有太大的压力。

正确握笔。除了写字画画，孩子在给面包涂抹果酱、穿珠子、切菜或者做其他手部活动时都能练习手指的活动能力，从而有助于学会正确握笔。

在认知能力方面，可以和孩子做以下练习：

等待。孩子要懂得集体活动时的轮流与等待原则。在家一起玩棋类游戏就可以有效地锻炼这种能力，而且下棋时孩子还能学会很多东西，比如识别骰子上的数字。

专注。孩子要学着在有轻微噪声的环境里集中注意力。你们可以在超市中练习，例如，让孩子去超市买某种食材，或者去面包店买面包。在下一次去超市时，让他买两种以上的食物。

延迟满足。入学后孩子在很多时候都需要延迟满足自己的需求。所以，当孩子在游乐场流连忘返时，你可以告诉他，你能理解他想继续玩耍，但是现在必须回家吃饭了。通过这种方式，孩子会发现父母理解自己的需求，但并不是所有需求都能被满足。

熟悉数字。例如，可以在烤饼干时，数鸡蛋的数量、称面粉的重量，或者在上楼梯时玩数阶梯的游戏。

◎ 享受入学前的时光

我们刚刚已经了解了许多为孩子上学做准备的方法。与孩子一起下棋、画画、烘焙，相信孩子能完成困难的任务，帮助他们克服大大小小的困难，这些就是我们为孩子上学所做的最佳准备。同时也不要忘记享受最后的幼儿园时光！在剩下的时间里，你们可以：

- 请一天假去动物园；
- 睡到自然醒再开始新的一天；
- 去孩子奶奶家玩；
- 去游乐园玩一天；
- 在别人上学的时候去度假。

请静下心来问问自己期望孩子成为什么样的人：希望他成绩优异？考上名牌大学？拥有一个没有压力的童年？或是成长为一个所谓的成功人士，赚到很多钱？把问题的答案写下来，当孩子有阅读障碍或者犯了太多听写错误时就把这个答案拿出来看看。我们总是担心孩子在学校表现得不够好，以后的生活也不会幸福，这样的想法让我们非常不安。但大多数情况下，这种恐慌是毫无根据的，只会给孩子带来压力。高学历并不能保证拥有成功的人生，但懂得坚持并享受学习一定会给孩子带来幸福。

"最喜欢的课是什么？""大课间！"——克服学校中的小困难

吉米的奶奶周五晚上问他："你这周在学校过得怎么样？"

"挺好的"，吉米嘟哝道，他只是期待着周末能睡懒觉、踢足球、吃着爆米花看电影。

我的儿子不太在意学校的生活。他有时觉得学校很有趣，有时又不喜欢去上学。他在学校里不仅能学习数学和语文，还能提高社交能力。父母对学校的事务既要保持一定的重视，也不能过于紧张，采取折中的态度比较合适，这一点我们可以向孩子学习。父母和孩子只要勇敢些，做好准备的同时保持淡定，就能很好地解决以下这些学校生活中常见的小麻烦。

◎ 孩子没有信心怎么办？

吉米站在家门口对我说："妈妈，我不想去上学。"在刚开学的几周里，他早上时常不愿意去学校。我有点着急了，心想：孩子必须去学校，他怎么能不想去呢？我们母子俩对此都感到不堪重负、非常无奈。

对许多孩子而言，入学并不是一件简单的事，即使已经上了几个星期的课，他们还是更想待在家里，因为在学校他们需要适应很多新情况：新的老师、新的同学、庞大的建筑、陌生的日程表……作为学校里最低年级的孩子，他们觉得操场上其他同学说话的语气也远远不如在幼儿园时那样友善。

之前我的儿子觉得在学校最困难的事情就是和老师说话，比如他想上厕所或者没有收到作业本的时候，他有时甚至会因此流泪。但只要我们耐心地鼓励、理解孩子，他们就会变得更勇敢。我的儿子现在早已克服了这个困难，他会请最好的朋友陪着他一起走到老师跟前，为他打气，这样他才敢向老师询问丢失的手表或者交请假条。只不过偶尔他实在觉得紧张或者害怕时，还是会垂头丧气地站在走廊里不知所措。现在我已经知道该怎么做了：我鼓励他，陪他走到学校，在他的午餐盒里放一个小熊软糖，再给他一个温暖的拥抱。

如果孩子对某些事缺乏勇气或因为一些不愉快的事情而丧失了勇气，比如要上讲台演讲或者和朋友发生了争执等，你可以这样鼓励他：

- 与孩子一边喝饮料一边聊聊天；

- 一起坐在沙发上，安慰他；

- 一起寻找解决方法；

- 做一个安抚玩偶，孩子感到担忧时可以向它倾诉；

- 在孩子的书包里放一块鼓励他的幸运石。

如果孩子不想去上学，你可以这样做：

- 想一个出门的固定仪式，比如唱首加油打气的歌、紧紧地拥抱，或是互相许一个当天的愿望；

- 坐在孩子旁边，倾听他诉说恐惧和担忧；

- 告诉老师，孩子还没适应升入小学；

- 送孩子去学校并鼓励他；

- 出门时的告别尽量简短，真诚而坚定地对孩子说"现在得去学校了"；

- 让你的另一半和孩子说"再见"，因为有些时候孩子在与爸爸和妈妈分别时的反应是不同的。

◎ 发生冲突怎么办

学校里的孩子们性格各异，同学之间的冲突是无法避免的。我们的孩子可能会被别人欺负，也可能会惹恼其他同学。无论是哪种情况，我们都要尽量克制，不干预孩子之间的冲突，多询问孩子的想法（→ 参见第11页 "好好说话：与小叛逆者们平等地沟通"），因为冲突发生时我们并不在场，无法准确了解具体的情况。

　　学习与同学相处是一个艰难而复杂的过程。倾听孩子的心声，在他失落时给予安慰，就算他言语刻薄也不应打断或者指责，而是要平静地和他交流，这样他一定会知道下次该怎么处理问题。如果孩子需要向别人道歉，我们一定要给予鼓励和支持，陪他一起去，或者打电话道歉时陪在他身旁。这样，孩子会迅速忘记那些争吵，朋友之间的矛盾也会神奇地消失得无影无踪。

◉ 无法解决的矛盾

　　如果发生了反反复复、无法调解的矛盾，或者孩子在冲突中使用了暴力，那么最好直接让老师来解决。许多学校里都有争端调解员，老师会和发生冲突的学生们一起坐下来谈话。学校是孩子们较常发生冲突的地方，所以冲突在学校更容易得以妥善地解决。而父母常常带有偏见，或者自己也受到了冲突的影响，很难公正地做出判断。我有次就非常生气，因为我的儿子在学校里被别人欺负了，但后来我才发现，我的儿子也不是完全无辜的，我发现自己没有做到客观地评价这次冲突。因此，当孩子们无法自行调解时，需要老师及时介入，和他们一起当场解决矛盾。

◎ 上学太累怎么办

上学会让孩子觉得非常疲惫，因为他们必须长时间保持坐立姿势、按时完成作业、克服大大小小的困难、忍受与同学的争执或打闹。虽然有体育课和大课间，但他们的运动量还是比在幼儿园时少了许多，他们之前几乎不会安静地坐或站超过半小时。难怪许多孩子回家时总是很躁动。他们在放学的路上非常愉快，没有大人的陪伴，他们一路和朋友聊天、跑跑跳跳、交流想法、呼吸新鲜空气。我的儿子放学回家时总是吵吵闹闹、兴致勃勃，我在很远的地方就能听到他的声音。他进家门后会迫不及待地把所有东西都放下。他常常很饿，当然不愿意立刻写作业。

孩子在放学后可能会向你抱怨，或者看起来很疲惫、心情不好、泪眼汪汪，先让他好好休息一会儿吧！他想不想和你说说学校里的事情？最好先问问他：今天发生了什么很棒或者很傻的事？比起打听他们"学到了什么"这种典型的成年人问题，针对他们兴趣的问题更容易让他们敞开心扉。如果孩子不愿意聊"学校"这个话题，那就不要硬逼他们。

我的儿子喜欢放学后踢会儿足球，我的女儿喜欢休息时听广播剧。观察一下你的孩子喜欢怎样放松，而且，你也可以在此期间休息一下。

我建议在规划日程时尽可能地减少安排。不要在休息时给孩子施压，要多让他们出去玩耍，和朋友一起在外面闲逛、跑步、冒险。儿童有娱乐的权利。（→参见第71页"专家问答：我们如何保护孩子的权利"）之后我将详细地介绍孩子的休息时间和兴趣爱好。（→参见第201页"享受童年：孩子需要自由、兴趣和伙伴"）

◎ 家庭作业带来的烦恼

家庭作业作为孩子学习的一部分，给我们带来了许多烦恼。很多孩子时常不愿意写作业，这导致了许多家庭内部的争吵。首先我们要意识到孩子们有多么讨厌写作业：他们在学校里辛苦学习了大半天，放学后还得花时间专心地坐在桌子前；他们必须复习学到的知识，并把它们背下来。虽然孩子不喜欢，但必须养成写作业的习惯，因为中学以后就必须通过写作业来巩固所学知识。父母可以通过创造合适的学习环境来提高孩子写作业的积极性：

● 干净的桌子（并不是所有孩子都喜欢在自己的桌子上写作业，我的儿子更喜欢和我一起坐在厨房的桌子旁）；

● 安静的环境（不看电视、不听广播）；

● 整洁的文具盒；

● 充足的光线。

让孩子专心地写半小时作业并不是件容易的事情，刚上小学一年级的孩子尤其需要适应写作业。如果孩子写作业时玩铅笔、不停地上厕所或者发呆，你可以用友好的语气提醒他继续写作业，还可以坐在他的旁边看书或读报，营造安静的氛围。这样，孩子就能慢慢地独立学习。不必担心，孩子在小学阶段一定能学会整理书包、控制时间、完成作业、收拾书桌等一系列技能。

◎ 家庭和睦的"秘方"

悄悄告诉你，我最近得到了一个很棒的建议。一位小学老师说，她以前每天都会因为家庭作业和儿子吵架。儿子不想写作业，但她觉得作业很重要，所以总是逼着儿子写。后来她回想道，为什么当时双方的压力那么大？如果她可以接受儿子不写作业就返校，那么他们就不会吵架了。因此，她建议我们不要太在意家庭作业。老师会在学校里和孩子们说清楚。虽然带着空白的作业本返校、受到老师批评是非常糟糕的事情，但这个方法能让孩子自发地完成作业。

我觉得这位老师的建议棒极了，你也可以试试。如果你家每天晚上都因为作业鸡飞狗跳，那么你可以接受这位老师的提议，把写作业的决定权交给孩子。我认为这个问题在学校里解决起来更容易，因为孩子对老师和对父母的态度完全不同。或者，你也可以试试让孩子在课后托管班把作业写完。

日常生活的建议

你的孩子完成不了阅读作业，而他的同学却很喜欢看书？不用担心！许多孩子都不喜欢阅读，因为这对他们而言不是乐趣，而是令人疲惫的负担。让他们试着读点轻松的，如漫画、足球杂志、感兴趣的科普杂志、儿童报纸等，兴趣是最好的老师。在阅读的时候，你可以和孩子一人轮流读一页。相信孩子的阅读习惯会越来越好！

"我的转笔刀哪去了？"——让丢三落四的孩子找到秩序

和吉米一起整理文具盒时，我问他："铅笔去哪了？"

他耸了耸肩，回答："不知道。"

我翻了个白眼，这已经是他今年弄丢的第五支铅笔了。这些三角形外观、笔芯很粗、抓握处为橡胶的铅笔价格昂贵，我告诉过吉米不要再弄丢了。但吉米还是每周都会至少弄丢两三支。

孩子们每天要做很多事情：他们上午得坐着专心听课，下午有各种学校活动，晚上要集中注意力写作业，还要收纳学习用品。我的儿子在小学一年级的时候弄丢过帽子、铅笔、橡皮，这简直难以置信。现在我终于意识到了，让他把所有东西都保管好是件天大的难事。我之前一直不明白，为什么他不能在放学时把文具盒收拾好再回家？后来我才知道，这是因为他不想被同学落下而孤零零地走回家，所以匆匆忙忙之际弄丢了铅笔也不知道。

◎ 有序收纳的妙招

很多孩子都会因为抗拒上学而忘记带书包，这时他们往往会害怕得大哭。还有些孩子会弄丢外套和手套，或者把自己的衣服和同学的弄混。针对这些问题我整理了一些小妙招，但这需要不断练习才有效果：

● 给所有带去学校的东西都做个标记：贴上姓名贴、彩色胶带、贴纸或者用记号笔写上孩子的名字；

● 雨伞很容易弄丢，不如给孩子买一个连帽的防水外套；

● 如果孩子总是把帽子和手套弄丢，那么就给他买便宜的，这样你就不会因此生气了；

● 笔也一样，不用给孩子买太贵的笔，价格适中的就行；

● 定期和孩子一起查看学校的失物招领处，也让孩子自己时不时去那里看看。

教育难题：我的孩子不喜欢上学

许多孩子都会有不喜欢上学的时候，原因也是五花八门：阅读任务难以完成、乘法算不出来、和老师或者同学闹别扭了等。但如果这种失落的情绪持续很久，导致孩子愤怒或者开始挑衅父母和老师，那么父母就要采取行动了。父母最好直接和孩子聊聊学校里的问题，可以晚上一起躺在床上聊，让孩子敞开心扉（→参见第11页"好好说话：与小叛逆者们平等地沟通"）。

下一步是与孩子的班主任沟通：孩子在学校里怎么样？遇到了什么困难？课程难易程度如何？孩子在班级里是否感到孤

独？父母或者老师给他的压力是不是太大了？……父母和老师的良好合作是非常重要的，你们可以一起探讨孩子需要哪方面的帮助，或者怎样才有益于他的成长。有些孩子可能真的很难适应学校的教育体系，他们往往想象力丰富、有创造力、只喜欢做自己真正感兴趣的事情。

◉ 转学还是纠正

如果孩子无法适应学校，是否应该让他转学？办理转学不是件简单的事，而且还得考虑：让孩子脱离较为熟悉的环境或者增加上学的通勤时间是否值得？如果父母和老师可以达成一致、密切合作，那么转学就不是必需的。另外，我们还可以在家里释放孩子的创造力，相关的建议有：

● 让孩子多画画、做陶器或者其他手工；

● 一起寻找孩子的兴趣爱好，让孩子多看书，了解自己的爱好是什么；

● 在家尽量少给孩子施压，认真、严肃地看待学校，但也不要过于看重。

这些容易实施的措施大概率可以帮助孩子解决问题。如果上述方法都没用，则需要再去学校与老师沟通。

"妈妈，我要零花钱！"——小学生的零花钱规则

露易丝在超市里指着一本动物封面的杂志朝我喊道："我想要这本杂志！"

我觉得那本杂志太贵了，就对她说："你可以用自己的零花钱买。"

这本杂志真的太贵了，露易丝在考虑要不要用她的全部零花钱来买。但因为她明天想和朋友一起去买糖果，所以最终选择了不买杂志。

孩子上小学以后，父母就可以给他们零花钱了，这是孩子学习理财最好的方法。为了实现自己的愿望而存钱是一件充满乐趣的事情。理财和阅读以及收纳学习用品一样，需要多练习，孩子的换牙期正是练习的好时机。你可以定期给孩子一笔

零花钱，让他自由支配。亲戚给的较大金额的零花钱或者生日红包可以另外存到银行里。

◎ 这样给孩子零花钱

一些管理零花钱的应用程序（App）可以提醒父母按期给孩子零花钱。你和孩子可以一起在App里设定多久给一次、一次给多少，这样孩子就能准时得到零花钱。孩子把钱放到自己的钱包里，他可以自己决定是要立刻去买糖果或者卡片，还是把钱攒起来买别的。此外，孩子们还会发现，买完东西后钱就没了，他们必须从头攒钱。孩子和成年人一样，都有着自己的消费习惯。我的儿子会把大部分钱都存起来，我的女儿则更喜欢花钱。我们最好不要干预孩子的行为。在理财方面，个人的经验远比父母的建议更有用。

◎ 孩子们可以买什么

你可以一开始就定下规矩。例如，孩子可以买多少糖果，有没有父母不让买的玩具，先和孩子沟通，再一起制订规则。让孩子独自去超市或小卖部买冰激凌有利于培养他的许多能力，比如沟通能力（和店员交谈）、计算能力（付钱、清点零钱）等。

父母需要从什么时候开始给孩子零花钱？德国的青少年福利中心建议从四到五岁开始，因为孩子在这个时期开始具有对数量、数字和硬币的认知。最好每个星期给孩子一次零花钱，因为对于上小学的孩子来说，如果给零花钱的间隔过长，他们可能会失去耐心从而很快就会把钱花光。

需要注意的是，零花钱的具体数额取决于你的意愿和经济能力，你也可以不给孩子零花钱，获得零花钱并不是儿童的基本权利。

为了避免不必要的争吵，我建议你注意以下几点原则：

- 如果约定了要给孩子零花钱，就一定要说到做到；

- 不要在给钱时附加条件；

- 定期、按时支付零花钱；

- 和孩子商量好不能买什么；

- 不要孩子一没钱就给钱，否则他永远学不会理财。

一位小学老师的问答：
总是因为做作业与孩子闹得不愉快

我询问了小学老师卡罗琳·戴恩斯（Carolin Daynes），她有十多年的教学经验，也是两个孩子的母亲。如果你总是为孩子的家庭作业而烦恼，她一定能帮到你。

问：有的父母每天都因为孩子不写作业、心不在焉而生气，你有什么建议吗？

卡罗琳·戴恩斯：父母可以鼓励孩子从"简单的小事"做起，先完成简单的任务；可以和孩子约定一个固定的写作业时间，督促孩子遵守。我认为放学后和开始写作业之间的休息时间非常重要。父母还可以通过让孩子在固定的地点学习或者送孩子一只漂亮的笔来提高他们写作业的积极性。

问：你认为孩子每天应该花多少时间来写作业？如果他们很晚还没写完，应该继续写吗？

卡罗琳·戴恩斯：我认为写作业的时长应该在30分钟到60分钟（四年级之前）之间，这取决于不同的年级。如果孩子写作业超过了30分钟，最好先休息一下再继续写。

问：如果家里总是因为家庭作业而吵架，父母应该联系老师吗？

卡罗琳·戴恩斯：我认为父母应该先观察一下孩子对待作业的态度。如果孩子在作业的内容、所需时间等方面常常出现问题，父母应该尽早联系老师。通常情况下，写个便利贴交给老师就行。

问：在什么情况下父母不应插手，而是让孩子自己负责家庭作业？

卡罗琳·戴恩斯：孩子要知道，遇到问题时可以寻求父母或者其他成年人的帮助。他们要明白家庭作业的重要性。父母应该鼓励孩子自己想办法解决困难，鼓励孩子自己写作业并及时给予赞赏。完全让孩子自己负责家庭作业的确有点冒险，这在很大程度上取决于孩子的具体情况，或许上小学三年级后可以这样做。我认为父母应当及时了解孩子家庭作业的大体情况、目前正在学习的内容等。

问：父母应该检查孩子的家庭作业吗？

卡罗琳·戴恩斯：父母只需要大概了解孩子要做的作业内容、注意反复出现的错误即可。批改作业的任务则要留给老师来做，因为这样老师才能判断孩子的真实水平。如果交给老师的作业没有任何错误，老师就无法在课上给出有针对性的指导和帮助。

九、享受童年：
孩子需要自由、兴趣和伙伴

> 玩耍的时间对处于换牙期的孩子来说必不可少。虽然我们总是用消极的眼光看待无聊，但是无聊对于孩子创造力的发展是非常必要的。同时，孩子的休闲时光还会让他们寻找到真正的爱好和伙伴，这与学习阅读以及写作业同样重要。

"我今天有时间！"——为什么孩子必须要有玩耍的时间

我喊道："我们必须出发了！"但孩子们仍没过来，他们还在全神贯注地玩游戏。我们约了牙医，每个人都要去。吉米和露易丝抱怨说他们想待在家里做他们想做的事情。很遗憾，我不能允许他们这样做。我再次意识到让全家人一起准时赴约是件多么困难的事情。

正如德国儿童基金会的露易丝·梅尔根斯（Luise Meergans）说的那样：儿童享有休闲和娱乐的权利。（→参见第53页"尊重个性：助力孩子的独立性发展"）。然而，行使这一权利并不容易。孩子们白天在幼儿园或者学校里上课，放学后还要完成作业、学乐器或者参加足球训练。因此，孩子们不得不暂停他们的游戏、穿上衣服准备出门。由于他们上一秒还完全沉浸在游戏里，所以就算接下来要去做他们喜欢的事情，孩子们也毫无兴致，他们会因为不想去但又不得不去而产生愤怒和压力。有时孩子们会感到很无聊，于是开始自己找乐子，或者干脆躺在床上听收音机，这时我们不得不一再催促他们出门。

◎ 孩子可以这样休息

和成年人一样，孩子也需要休息，但是他们的休息方式不只睡觉一种。他们休息的方式和我们完全不同，孩子们在进行活动时也会感到放松而非疲倦。我的大儿子休息时喜欢踢足球、需要自己的空间，有时他也会读书或者在笔记本上记录桌面足球比赛的比分，喜欢独自一人，不需要陪伴，更不希望别人来打扰他；但我的女儿则完全不同：她喜欢和我一起在楼下的厨房里待着，有时会画画、听广播，或者按照品种和颜色给她的玩具马分类；而我的小儿子则是在放学以后一定要先玩15分钟他的汽车和停车场玩具。每个孩子都有自己的休息方法。大脑在喧闹的漫游中、在想象的一场决斗中，或者当孩子在蹦床上跳跃时同样能得到休息，这就是孩子放学后自我放松的方式。

你的孩子可能还在寻找最适合自己的休息方式，休息时间越多，就越容易找到自己的兴趣所在。父母可以为孩子们做这些：

● 买涂色书、绘画本以及彩色笔。让孩子涂色、自由创作、用铅笔画画或者试试水彩画，这些都是很好的放松方式。

● 如果孩子喜欢写作，就送他日记本和笔。

● 送给孩子有声书或者音乐播放器，还有耳机。

● 给孩子从图书馆借几本精彩的小说。

● 教孩子编织。你们可以先使用工具进行编织。

● 很多孩子都喜欢解决难题。可以让孩子试试魔方、益智玩具或者数独。

● 运动也可以使人放松。你家的楼下有场地吗？孩子可不可以踢会儿球？

● 在阳台或者院子里放个蹦床，或者在室内放个小型蹦床。

● 在孩子的房间里放个沙袋，这样他心情不好的时候就能发泄出来。

● 串珠或者拼豆手工有助于冥想放松，可以和孩子一起做这些。

● 孩子非常喜欢剑吗？可以在孩子房间里立个桩子。在这里他可以用木剑发泄情绪，同时又不用担心伤到其他人。

● 在孩子房间里放上飞镖盘、电子国际象棋或者桌面足球玩具。

日常生活的建议

你的孩子喜欢踢球吗？如果你家楼下的空间不够大，可以买一个折叠式的小球门，这种球门可以迅速地折叠收起。我们也可以给孩子玩用气球和布套做成的球，这种球收纳起来占的空间很小，而且可以随时充气。因为它很轻，孩子甚至可以在室内踢这种球，不用担心打碎东西或打扰邻居。

◎ 轻松应对预约好的日程

在"尊重个性：助力孩子的独立性发展"的部分中，我提到了家长要谨慎考虑是否让孩子接受各种治疗性训练。但有时孩子们必须上语言、运动、手工等治疗课程，以改善他们的身心健康状况。在这种情况下，你可以让孩子为预约好的治疗课程或者就诊提前做好准备，比如可以在起床时就把今天的安排告诉孩子。如果你预约的活动是在幼儿园或者学校放学之后，试试让孩子见缝插针地休息一下，比如你可以在车上给孩子讲故事、让孩子听听舒缓的音乐、聊聊早上发生的事情、闭上眼睛休息一会儿。你应该在前一天晚上就收拾好可能需要的物品，这样能减轻出发时的压力，也不用急急忙忙地翻找医保卡、病例、特殊的训练鞋等。最好让孩子也一起收拾，教他学会自己收拾好需要的东西放到包里。

你和孩子还可以利用在诊所的等候时间一起读书、聊天、打一局桌游、坐着发发呆。总之，让孩子和自己都尽可能地充分休息。

带孩子一起准时赴约让我觉得很累，尤其是所有人都必须一起去的时候。每次都会有孩子不愿意出门，我不得不争分夺秒地劝说他一起去。我还清楚地记得带儿子接受语言治疗时的场景。在他做练习的时候，我和女儿在候诊室等他，女儿一直在玩饮水机，不小心就把衣服全弄湿了。这样的事让我感到筋疲力尽。父母应该轮流陪孩子去看医生、接受治疗，不能让一方独自承担所有事情。

"我讨厌长笛课！"——孩子真正的兴趣爱好是什么

露易丝喜欢演奏乐器，但她有时会很讨厌练习。"我不喜欢练习长笛！"她总是找借口逃避，或者不情愿地敷衍一会儿。爱好就是这样，给我们带来了很多快乐，但练习本身却是一个艰苦而乏味的过程。成年人很清楚这一矛盾：许多人很喜欢钢琴，因为在长年累月的学习和练习后，他们相信自己能演奏非常精妙的乐曲；而另一些人则认为，钢琴演奏固然美妙，但是上钢琴课以及做大量的演奏练习简直就是折磨。

许多家长都认为让孩子学会一门乐器是非常重要的。实际上，学习乐器确实能提高孩子很多方面的能力。最重要的是在这一学习的过程中，孩子们会意识到：真正做好一件事，不仅需要天赋，还需要大量艰苦的练习。经历挫折，在绝望中演奏，不断重复同一首乐曲直至厌恶至极、发誓再也不碰这个乐器，到最后获得成功——学会演奏一首乐曲、用音乐给自己和他人带来欢乐，这一切都值得我们为此付出努力。我们常说：并不是所有孩子都喜欢学习乐器，不学乐器也不代表童年就一定不充实。我的儿子对音乐毫无兴趣，我对此感到很遗憾。即使有机会和朋友们一起参加学校的管弦乐队，他也不愿意加入。我们必须接受他的这一特点。我的女儿则恰恰相反，她很喜欢吹奏长笛（大多数时候），还喜欢去听儿童古典音乐会。音乐给女儿带来享受，却让儿子觉得烦闷。作为父母，你有没有过这样的想法：就算孩子根本不喜欢音乐，也要坚持让他们学习一门乐器？试着培养他们别的兴趣爱好，也许他们更喜欢骑自行车、打乒乓球、下象棋或者做陶艺。做这些事情时，他们也同样能学会为了达到目标而坚持不懈地努力。我们不能强迫孩子去喜欢音乐或者运动。

总而言之，不学习大提琴的童年也可以是充实的。重要的是，我们不能把自己对于幸福生活的理解和想象的兴趣爱好强加在孩子身上。

父母休息时刻

无论是长笛课、足球课还是陶艺课，你都可以找其他父母一起负责轮流接送孩子了，以减轻负担。孩子上课时父母也必须在场吗？还是孩子可以独自应对？孩子可以自己去上课吗？专家认为，孩子在上学路上应该呼吸新鲜空气、多运动、和其他孩子接触，并与家长保持一定距离。这一观点也适用于上课外班的情况。这样做也给父母节省了很多时间。

◎ 练习这件小事

孩子可以通过尝试做不同的事情来找到自己真正的爱好。许多音乐学校都会让孩子在决定学什么之前，先把各种乐器都试一遍。体育项目也是同理，孩子可以先看看不同的运动课程，试着做一做，然后再决定要不要坚持下去。在开始学习之后，孩子可能会突然觉得毫无乐趣，这也是正常的现象。

作为父母，确定孩子是不是发自内心地热爱某项活动，是非常容易的。对于孩子而言，最难的是在首次受挫后能够继续坚持下去。因此，在这种情况下，父母的任务就是鼓励孩子与内心想要退缩的念头做斗争，鼓励他们坚持下去。父母可以和孩子讨论一下如何继续学习和练习下去。孩子真的想放弃刚刚选择的爱好？还是父母和孩子都觉得应该再坚持几次试试？父母可以说："你再试三次/直到学期结束/用完这张卡/直到你们排练完新作品，然后再决定可以吗？"这样一来，孩子就能感到自己也参与了决定，父母非常尊重自己的感受和看法。强迫孩子继续练习不仅没有好处，还会让他们更加感到受挫。

同时孩子们也要知道，某些装备、乐器或者运动器械的价格高昂，这意味着父母为了他们的兴趣爱好付出了很多财力和精力，并且每次都要组织协调许多事情才能为他们更换俱乐部或者安排新的上课时间。和孩子谈谈这件事情，一起想办法解决问题，让孩子接受有些活动确实毫无乐趣的事实，并鼓励他们积极地克服困难。

日常生活的建议

发展兴趣爱好需要的装备可能会很贵。如果你的孩子喜欢冰球运动，那么购买设备就是一笔很大的投资。有些乐器的价格也很高。所以，你可以先了解一下可不可以租用，还可以先在网上选择二手的运动器械或乐器，让孩子先尝试一下。

"我觉得好无聊啊！"——孩子需要无聊

吉米站在我面前说："妈妈，我不知道现在该做什么！"

他找不到排解无聊的方法。我给他提了几个建议，但他根本不听我的。

你的孩子一定也会常常感到无所事事。这样的状态对于孩子来说是必要的，这并不是一件坏事。我在孩子无聊的时候总会有些烦恼，因为觉得自己有责任让他们摆脱这种状态。我宁愿辛苦一点，花时间陪他们读书、看电影、下棋，也不愿意听到他们抱怨自己很无聊。这种想法是非常不可取的。一方面，这会让父母筋疲力尽；另一方面，也剥夺了孩子发散创造力的机会。如果孩子和你说他觉得很无聊，最好的应对方法是放轻松并告诉自己：无聊的状态可以帮助孩子萌生新的想法。相信孩子可以学会忍受无聊，并且在无聊时可以发挥自己的想象，思考和创造出好玩的游戏。你可以和孩子说："我现在很忙，不能陪你玩，但我相信你很快就会想到有趣的点子。"

当你和孩子一起玩的时候，就会发现其实那些最有趣的想法正是他们在无聊的状态下产生的创意。我的孩子在抱怨了一通之后，通常会默不作声。等我过了一会儿走到他的房间里，就会发现他用积木搭建了一个动物园、用毯子和床垫搭起了一个山洞，或者正躺在床上看图画书。但如果我在孩子抱怨无聊的时候，坚持让他们去外面玩，他们只会不情愿地在操场上踢足球，根本无法获得真正的乐趣。

◎ 发呆也不是坏事

我们都很喜欢幻想，在做白日梦时大脑可以从日常的工作中抽离出来，得到休息。我们有时会想象自己到了另一个世界或者正坐着奇形怪状的机器在宇宙中遨游。如果我们选择玩手机来打发时间，而不是做白日梦，那么大脑实际上并没有得到高质量的休息。孩子们也是如此。有些孩子非常喜欢做白日梦，他们会想象自己在进行一场大冒险或者想象出一个全新的世界。父母要给孩子充足的时间和空间进行这种十分有益的幻想活动，不要打扰他们，尤其是保证他们在喜欢幻想的年纪里不被智能手机所控制。

◎ 排解无聊的方法

也许你的家里有一大堆玩具：橡皮球、汽车、陀螺、小摆件、积木方块……可以把这些玩具全都放在一个鞋盒里，在孩子说自己无所事事的时候把盒子交给他。我保证，他接下来一定会用你意想不到的方法玩这些玩具。

另一个办法是你们一起制作一个"研究小盒子"，里面装一些塑料吸管、不同颜色的皱纹纸、小小的容器，孩子可以用这些工具做各种实验。或者可以把指南针、儿童小刀、放大镜和装昆虫的杯子放进孩子的包里，让孩子去院子里探险。

如果孩子不能立刻找到自己需要的玩具，这就说明玩具都堆到了一起，缺乏管理。你应当时不时地把玩具收到地下室或者阁楼里，只留当前孩子最喜欢的几种玩具。这样一来，在孩子觉得无聊的时候就会想起旧玩具，从而把之前的玩具拿出来玩，并会重新爱上它们。

如果孩子需要你给他的乐高建筑提供一些创意，而你不知道可以搭些什么，那么可以在网上看看别人的模型，会发现用这些五颜六色的积木方块可以搭建出很多令我们意想不到的东西！

"你再也不是我的好朋友了！"——交朋友和化解冲突

大门"砰"的一声响，一个女孩从楼梯上冲下来，怒气冲冲地从我们家跑了出去。她是露易丝最好的朋友之一。这两个孩子一定是大吵了一架。过了一会儿，露易丝下楼和我说，她想去这个朋友家里玩。孩子们总是很快就能忘记争吵。

换牙期也是孩子首次建立友谊的重要时期。他们通常在上幼儿园的最后一年中就会找到第一个真正意义的好朋友，他们会开始自己约定时间和地点以便一起玩耍。在换牙期，孩子会明显感觉到自己与一些孩子相处得更加愉快，但对另一些孩子却兴趣寥寥。我认为孩子上学阶段的社交行为具有非常重要的意义。父母总是极其重视孩子在数学课或者阅读课上的表现和成绩，但实际上孩子的学习行为不只发生在教室里，在上学和放学路上、走廊里、操场上他们也能学到很多重要的知识。因为正是在这些地方，孩子们能轻而易举地学习到如何互相交流、友谊是什么以及如何化解人际冲突。父母不应该用成年人的道德观念来评判孩子们的友谊，而且最重要的是不要插手不在场时孩子们之间发生的冲突。父母可以和孩子沟通（→参见第11页"好好说话：与小叛逆者们平等地沟通"）以了解真实的情况，当孩子无法独自化解冲突时，再主动提供帮助。

◎ 朋友间的争吵

我的孩子回家后经常向我抱怨他们和朋友的争吵。这时我们最好先问问自己：当我在叙述令自己生气或伤心的冲突时，怎么做才能缓和情绪？对方的认真聆听是非常有用的，尤其是在孩子眼中。当孩子想告诉你他在学校里或者放学路上遇到的不愉快的事情时，他需要的只是一个能认真对待他的听众。你可以用"尊重个性：助力孩子的独立性发展"这部分提到的沟通方法来展开与孩子的对话，同时孩子也不会认为你正在把自己的道德观强加于他。有时候孩子第二天就会自己解决这些冲突，他们会忘记所有的不愉快，也有可能孩子事后想去主动道歉。如果孩子不敢这么做，那就陪他给朋友打电话或者一起去找他的朋友。这些对于孩子的成长而言都是极其宝贵的生活经验。虽然有时孩子的的确确会因此而倍感伤心，但这就是成长的过程。如果孩子知道父母一直是他们温暖的港湾，一直在家里守候着他们，那么他们就能更好地面对冲突和其他困难。

◎ 当孩子诉诸暴力

需要注意的是，当涉及暴力或者校园霸凌时，情况就完全不同了。如果孩子在学校里遭受了暴力殴打或伤害，或者他们使用暴力伤害别人，那么父母就必须及时介入。最为明智的做法是联系涉事孩子及其家长，并立刻与老师沟通。我们必须时刻记住：孩子无法独自处理好那些涉及严重心理或生理暴力的冲突。孩子还需要我们的保护，并且他们必须明白不能诉诸暴力，因为暴力并不是解决问题的办法。

十、"媒体迷娃"：合理使用网络和电子产品

数字媒体是我们生活中不可或缺的一部分，我们应该遵守一些使用规则。你将在下文找到以下重要问题的答案：为什么屏幕对于孩子而言有着如此巨大的吸引力？为什么所有人都很难放下手机？哪些电子设备和游戏适合处于换牙期的孩子？此外，媒体专家也会给出建议。

"妈妈，我能玩会儿平板电脑吗？"——电子产品的吸引力

吉米问我："我可以用一下你的手机吗？"他喜欢用一个应用程序（App）来查看足球比赛的结果。奥斯卡喜欢看照片，露易丝喜欢拍照，孩子们刷牙时也会用手机App计时。此外，他们喜欢看儿童连续剧，大一点儿的孩子还能连续玩好几个小时的游戏。

孩子和我们一样痴迷于电子设备。我每个小时都会忍不住看看手机，有时整个晚上都用平板电脑看电视剧和新闻。家庭成员的行为决定了孩子使用电子产品的频率和时长，因为孩子每天都会看到父母对着手机和电脑屏幕目不转睛。此外，我们用手机和平板电脑做什么，是上网查阅资料还是闲逛消遣，也会影响孩子对于这些电子产品的态度。因此，我们可以用自己的行为来塑造孩子使用电子产品的习惯。我们可以趁孩子处于换牙青春期这一阶段，和他们讨论数字媒体的使用方法，一起制订规则，为之后孩子在青春期使用电子设备奠定良好的基础。

◎ 最好的娱乐方式

孩子们很喜欢电子设备，因为他们可以用电子设备做许多有趣的事情，如玩游戏、阅读小说、翻看小时候的照片、上网闲逛等。媒体给了我们许多选择，各类网站还会推荐许多新电影。我晚上哄孩子们睡着之后，常常也会看会儿连续剧，或者看看各种新闻，即使经验告诉我，阅读书籍、到外面散步可能会让自己更加放松。而且，一旦开始看喜欢的连续剧我就很难做到准时关掉电视上床睡觉。作为一个成年人，我已经熟练地使用电子设备很多年了，我可以恰当地评估自己的情况，知道什么时候必须摆脱屏幕的诱惑、不去看平板电脑获得快感。可惜的是孩子并不知道这些，也无法对自己的状态进行深入的思考。在他们看来，玩平板电脑是最好的娱乐方式。

◎ 这是一个度的问题

我们有些时候把数字媒体看得过于负面。就像对待生活中的其他东西一样，如果父母认真检查其中的内容、只允许孩子看符合年龄的节目、和他们协商并控制使用时间，那么媒体对孩子而言就绝不是有害的事物。就像孩子们可以在午饭后吃一点儿甜点那样，他们也可以适时开心地用平板电脑玩游戏、看儿童电子书、养电子宠物。

"爸爸，别看手机了！"——制订家庭中的电子产品使用规则

为了让孩子能够约束自己、清楚地知道能玩多长时间的手机，你们最好一起制订规则，就像在家庭会议上那样（→参见第101页"共同制订和维护家庭准则"）围坐在桌前，讨论这些问题：孩子们喜欢看什么？什么时候看？喜欢什么游戏？最喜欢的电视剧是什么？

我的儿子建议，每个月他可以挑选两个周日用游戏机玩一个小时的足球游戏。我立刻就同意了。晚饭后，孩子们可以看30~45分钟的电视。我的女儿说，在这个时间段里她不想看电视，而是希望用我的手机玩她最喜欢的游戏。我们就不同的需求达成了一致，之后仅仅对一些小细节再次展开了讨论。我们把这些规则都写了下来。

此外，父母能否遵守这些规则也是至关重要的。通过这一点，我们也能直观地告诉孩子们：即便是大人也不能为所欲

为。正如规定的那样，吃饭时不能使用电子设备，爸爸妈妈也不能例外。你们还可以讨论一下，在餐厅等待上菜时、坐长途汽车时、在医院候诊时是否可以使用手机。一起制订规则的好处是孩子们能感受到我们认真地聆听了他们的心声，这样他们就会更好地遵守自己制订的规则。你们一起在电子设备的使用规则上签名，把它放在固定的地方，可以时不时地改进。

日常生活的建议

你和孩子可以一起在网上看看别人的经验，可以直接使用现成的规则或者自己制订，例如设置电子设备的使用时长、制订规则并签名。

"我再看一集就关！"——让孩子自觉关掉电子产品

露易丝想违反我们的规定，对我说："妈妈，我再看一集，正演到精彩处！"她已经看了一个小时的电视剧，现在该关电视了。虽然她一直都能遵守规则，但今天她却没有这样做。我们必须出门去奶奶家吃饭了，于是我开始生气，愤怒地想关掉电视，露易丝抓狂地大喊大叫。

就算我们和孩子约定要遵守规则，还是很容易发生这样的情况。以平等的姿态和孩子沟通的解决方法看起来很简单，但真正做起来却没那么容易。了解孩子这样做的原因有助于我们更好地应对数字媒体导致的亲子冲突。

◎ 为什么儿童会表现出攻击性

我在卡蒂亚·赛德（Katja Seide）和丹妮尔·格拉夫（Danielle Graf）写给父母的育儿指南《完美孩子》（*Das gewünschteste Wunschkind aller Zeiten treibt mich in den Wahnsinn*）中找到了答案。作者在书中描述了当我们使用数字媒体时，大脑内部会产生哪些变化。作者在"电子游戏、应用程序对儿童大脑的影响"一章中指出：前额叶皮层控制着我们的冲动，同时也决定了我们集中注意力的能力、社会智力以及对未来的规划能力的发展。成年人的这一大脑区域已经发育成熟，因此可以很好地控制自己的冲动。但儿童的前额叶皮层仍在发育中，只有通过长年累月地积累正面反馈经验、察觉他人的反应、做因果关系实验等手段，他们才能建立起完善的神经元联系。

过度使用数字媒体可能会导致大脑中的"懒惰基础系统"开始发挥作用，无论前额叶皮层是否发育完善，这一系统都会使这一区域进入休眠状态。在上文有关我女儿的例子中，由于看了很长时间的电视，她的大脑已经处于待机状态。在这个年龄段，孩子的大脑前额叶皮层已经开始发育，所以他们绝对能耐心地等到午餐后再吃小熊软糖。但是，当孩子看了一小时的电视后，这一区域处于接近"瘫痪"的休眠状态。而前额叶皮层恰恰负责管理人类在愤怒时表现出来的反击和辱骂等攻击性冲动，所以当我提醒女儿我们说好了只能看一小时电视以及现在该关掉电视一起去奶奶家时，我的这种提示给她造成了压力，从而激怒了她，于是她会"失控"地直接喊叫出自己的想法。

◎ 避免电子产品造成的亲子冲突

了解这些在孩子的大脑里发生的活动可以帮助我们更好地判断、理解孩子们的反应。或许以后的科学研究能够告诉我们，在大脑不进入待机状态的前提下，孩子们可以看多长时间的电视、玩多长时间的电脑。无论如何，孩子们一口气看好几个小时的电视、电脑或者手机都太久了，所以我们必须让孩子从小就练习自己主动关掉电视。孩子自己关电视的时候能感受到自控力，如果是在父母的要求下甚至是父母帮他们关掉电视，孩子就会有一种被强迫的感觉。因此，我们要尽量在必要的情况下提醒孩子遵守规则。此外，在约定电子产品的使用准则时，约定好电视剧的集数或者游戏的等级比直接确定一个时间段更容易执行，如"看两集""过了第三关"远比"只看30分钟"或者"再玩5分钟手机"更容易实现。

在我家里，六岁的露易丝很喜欢一连看几个小时的电视，在必须关电视时，她总会非常生气，于是我们就和她约定了到底能看几集电视剧。吉米比她大一点，能更好地控制自己，我对他的要求是他可以玩他最喜欢的游戏，但在这之前必须进行比游戏时长多两倍的户外活动。这是因为玩耍和冒险是孩子们的天性，玩角色扮演游戏、探索大自然、参加足球比赛、在房子后面的花园里冒险等活动都能使他们获得重要的技能、提升自己的生理和心理素质。同时，在户外活动时，孩子们还能接触到充足的阳光、通过交替看近处和远处物体来锻炼眼睛的肌肉，这对于保护视力大有裨益。当然，我们不得不承认，电子游戏也能激发人类天性中的冒险冲动，但当孩子沉浸在屏幕世界里，他们锻炼到的仅仅是一定的反应能力和手指的灵活度，并没有提升自己的综合能力。户外活动对于儿童来说和吃饭、睡觉同样重要。所以，在约定电子产品使用准则时，不妨将充足的户外活动作为一个前提条件，这样既能保证孩子身心的健康发展，又能满足他们玩电脑游戏的愿望，同时也能安抚家长的"视力焦虑"。我向吉米说明过这些准则背后的原因，他能够理解并一直愉快地遵守这些规则，毕竟孩子们的天性决定了他们热爱户外冒险。

"过生日我想买一个游戏机！"——进入媒体世界的正确方式

吉米在距离自己生日还有几周时间的时候，每天都会对我说他的生日愿望是得到一个游戏机，因为班上其他孩子都人手一个。经过了解，虽然并不是班里所有孩子都有游戏机，但他的大多数同学确实都有自己的游戏设备。我其实还没想好要不要给他买，但是我又想起在我小的时候，我的父母就拒绝给我买任何游戏机，我只好厚着脸皮问朋友借了一个，躲在被子里玩了一整晚。我该满足吉米的愿望吗？

现在的孩子会接触到各种各样的数字媒体。他们看到我们和其他许多孩子都在使用手机，以欣赏流媒体的推荐、体验玩电子游戏的快乐，对许多有趣的应用程序（App）如数家珍。那么，我们在家里应该如何使用数字媒体？什么时候该给孩子买一个电子设备？正确的做法是什么？一位媒体方面的专家会在本节末尾就这些问题给出专业的建议。我也想和你们分享我自己的解决方法，当然这只是众多方法中的一种，父母必须自己思考用什么样的态度对待数字媒体。重要的是，你们要和孩子协商一致，达成一个所有人都能够接受的方案。

实际上吉米现在已经有了一个自己的电子设备。他今年八岁，喜欢玩足球和跑酷游戏。他还没有自己的手机，我们计划最早也要等到他上五年级的时候再给他买手机。但吉米现在已经会上网了，他被允许在我的旁边浏览一些我们为他挑选好的网站。他不能独自使用互联网，一方面是因为我们认为孩子在这个年龄段必须在父母的监督下使用网络；另一方面是由于他现在识字不多，还不能使用浏览器进行搜索，但我打算明年就教会他。他现在还只能在我的监督下上网，等他到了十一二岁的时候就能独自浏览了。

吉米偶尔也会用我的手机。他可以在App上查询他最喜欢的足球俱乐部的新闻、看儿童剧、听广播。他把自己想看的电视剧和具体集数告诉我，在我们同意的前提下，也会看看电视剧。

此外，我们还有一个旧的游戏机，吉米会在假期或者周末用它玩足球游戏。最近我们还买了一个他很想要的小游戏机，当弟弟妹妹在看电视时或者他已经在户外活动了很长时间之后，他就可以玩会儿小游戏机。我们在旅行时偶尔也会带上游戏机，但是事先会和吉米约定什么时候可以玩游戏、可以玩多久。游戏机上的游戏都是适合这个年龄段孩子的益智类小游戏。六岁的露易丝也可以玩电子游戏，但她很快就会觉得游戏很无聊，她更喜欢看儿童连续剧。每个孩子对于电子产品和电子内容的偏好都是不同的，因此父母也要善于观察，根据孩子的具体情况制订相应的准则。

日常生活的建议

此外，我还推荐你们试试那些教儿童编程的玩具或者书籍。孩子们可以通过这种方式和父母一起熟悉智能手机和相关应用程序（App）的使用，感受新媒体的作用。

"他们只是想和我玩呀！"——识别网络危险，保护孩子

我的孩子在看洋娃娃表演有趣情景的视频，突然片中出

现了上厕所的情景，字幕的用词也非常低俗。我觉得这个视频很奇怪，于是搜索了一下这到底是什么类型的视频。父母要小心，有一些电影表面上似乎是适合儿童观看的，但其中有许多刻意涉及性行为甚至暴力的镜头。

我们能熟练地使用互联网，在浏览过程中我们会发现，尽管互联网为儿童提供了丰富的信息，但是也有很多内容和产品并不适合孩子观看。因此，父母的判断和教育非常重要。如果想让孩子迈出上网的第一步，你应该陪伴他们，并向他们解释网上可能会出现的陷阱。他们在换牙期的表现越好，他们在青春期就越能安全地使用手机。这一点和教导孩子注意交通安全非常相似。如果我们没有事先陪孩子过马路、教会他们注意和识别红绿灯、遵守交通规则，那我们是绝对不会让孩子独自出门的。开始时我们要陪着孩子一起走出家门，把必要的规则告诉他们，之后他们才能自己独自出行，我们要相信他们能照顾好自己。上网也是同样的道理。

◎ 视频

你知道在视频网站上有一些被人恶意配音的儿童电视剧吗？仅通过筛选、过滤无法屏蔽这些被恶意配音的视频。在看视频平台上的电影时我们也要相当谨慎，有些视频采用的是广为人知的卡通形象，因此家长会误认为这些视频是无害的。此外，在一些免费的儿童视频节目中会有大量广告，其中的一些广告未必是适合孩子观看的。

◎ 色情视频和群聊

另一个安全隐患是网上的色情内容，我们要禁止孩子们点击相关的色情内容。有人会用这些内容吓唬孩子，以此为乐。

网上的群聊小组也存在着危险。年龄较大的孩子或者成年人会利用网络群聊的方式和孩子聊天，并取得他们的信任。你最好和孩子谈谈这件事，就安全条约达成一致，查看他们的聊天记录，并检查年龄信息，如许多群聊仅允许特定年龄的孩子加入。随时和孩子进行沟通和交流，询问他们经常会上网浏览哪些内容、加入了什么有趣的群聊，以及你感兴趣的问题。养成这种就上网内容与父母进行简单、轻松交流的习惯，对于之后进入青春期的孩子而言至关重要。到时候你也会感谢今天你所做的努力。

◎ 连环信

电子连环信在小学生中非常流行。孩子们点开信件会看到恐怖的图片，里面还有令孩子们感到害怕的威胁性内容。这也是为什么孩子究竟应该在几岁拥有自己的第一部手机是一个父母需要极其慎重地考虑的问题。告诉孩子，当收到奇怪信息的时候，随时都可以向你寻求帮助。千万不要用没收手机来威胁孩子，否则他们下次遇到紧急情况时可能会由于担心手机被没收而不告诉你他们的真实遭遇。这些连环信里常常会写"不能告诉父母，否则家庭成员就会因此丧生"，如果孩子不能信任父母，就只能独自面对死亡的恐惧。所以，保护孩子的最好方法是亲子之间坚定地互相信任，让孩子知道不论发生什么事情，他们都可以随时寻求父母的帮助。

教育难题：我的孩子在朋友家玩了好几个小时的电脑游戏！

　　你和孩子已经一起在家里认真地制订了使用数字媒体的规则，孩子表示一定会遵守，然而现在他却在朋友家里玩游戏玩得热火朝天。"不幸"的是，他的朋友有自己的游戏机，并且朋友的父母允许他想玩多久就玩多久。你的孩子显然更喜欢和这个朋友一起度过愉快的下午。我们并不想看到孩子花几个小时玩一些我们没听说过的游戏，最好的解决办法是饶有兴趣地问问孩子在朋友家里做什么。如果他们玩的是适合他们年龄段的游戏，那么他在朋友家玩几个小时甚至是一下午也没什么大不了的，毕竟他不可能天天都去朋友家。禁止他去朋友家玩只会适得其反，因为比起对游戏的焦虑，我们更应该尊重孩子之间珍贵的友谊。

和其他问题一样，最重要的是亲子沟通。告诉孩子，你很担心他，因为玩游戏的时间过长或接触一些不适合他这个年龄段孩子观看的内容，非常不利于他的心理健康。你可以提议邀请他的朋友们到你家里玩或者建议他们轮流在你家、朋友家或运动场见面。这个方法也适用于女孩。她们也很喜欢玩手机，在网上看几个小时的视频。这种行为同样存在很多风险，因为视频里可能会出现针对女性的带有性别歧视的广告或者不良的价值导向。告诉你的孩子不能做哪些事情：独自上网，独自看小视频、观看含有暴力或色情内容的电影，使用有暴力倾向内容的App……最后，我们要相信就算不在家里孩子也会遵守这些规则，这也为他们的青春期发育打下了良好的基础。

专家问答：父母这样做，孩子可以安全地上网

媒体学专家帕特里夏·卡马拉塔（Patricia Cammarata）是知名的育儿博主，她写了许多关于家庭教育、互联网隐私、数字媒体以及男女平等的文章。她刚出版了一本关于儿童和数字媒体的书，名为《每天三十分钟，让孩子轻松上网》（*Dreißig Minuten, dann ist aber Schluss! Mit Kindern tiefenentspannt durch den Mediendschungel*）。此外，她还开设了许多育儿讲座，因此她是回答这些问题的最合适的人选。

问：您觉得学龄前和小学阶段的孩子可以使用数字媒体吗？

帕特里夏·卡马拉塔：当然可以。数字化发展非常迅速，我们应该尽早教孩子使用数字媒体和互联网。我们的目标是让孩子认识基本的媒体世界，让他们以后成为熟练使用现代技术的年轻人。

问：您觉得孩子第一次上网时应该注意什么？

帕特里夏·卡马拉塔：理想的情况是家长陪着孩子一起，但这在日常生活中其实很难做到。我们也找到了比较容易实施的解决方案，即让孩子使用无广告的视频平台观看连续剧或动画片。父母可以先看看这些声称专门为儿童拍摄的电视剧是否真的适合孩子。此外，这样还可以排除网站上常见的有恶意配音的后期剪辑视频。如果电视剧确实是适宜儿童的，那么他们完全可以独自观看。

孩子在换牙期会变得越来越独立，他们必须在这之前学会如何使用数字媒体。父母需要和孩子谈论相关的话题，比如"当在网上看到令你害怕的东西时，你会怎么做？你可以关闭页面，或者用手遮住屏幕"。

我在检索电子书时还发现了一些色情书的弹窗。在孩子八岁、九岁或十岁的时候，他们还不会主动去接触这种书籍，但是也有一种可能：有些年纪大一点的孩子会在学校操场上给他们看色情书籍来吓唬他们取乐。我们要和孩子谈谈这个事情，告诉他们未成年人不能看含有色情内容的书籍。重要的是要教会孩子说"不"，当他们看到这些色情内容时要懂得拒绝，并告诉父母。

问：我们是不是应该了解孩子们在使用什么数字媒体以及他们对什么感兴趣？

帕特里夏·卡马拉塔：我们不必看孩子看过的每一部电视剧，但可以随机挑几部看看。最好的办法是直接问孩子他们在看什么："和我说说，这是讲什么的？"

父母无论如何都不能阻止孩子观看他们感兴趣的东西，或者对他们说"你在看什么没有用的东西！还不如去看看书或做点儿正经事"之类的话。如果这些东西对孩子来说很重要，那么我建议父母多听听孩子的看法，不要再贬低它们。如果长时间这样做会导致孩子不再愿意和你沟通。在和青春期孩子的父母聊天时，经常有父母和我说，他们感到非常绝望，因为孩子什么都不告诉他们，他们不知道孩子整天坐在电脑前究竟在做些什么。我常常会想到，这个问题在孩子小时候一定已经出现过了，比如当孩子在吃饭时想告诉父母他们的所见所闻，但父母只是翻了个白眼。

聆听孩子说话，了解他们用数字媒体在看什么内容，这有助于我们培养对孩子的信任、发现孩子的兴趣。如果我们能在孩子的换牙期就打好信任的基础，那么就算我们无法详细地了解到孩子上网时在看什么，也能确保他们在安全地上网。

问：孩子每天可以使用多久的数字媒体？他们如何才能学会自己按下关机键？对此您有什么建议吗？

帕特里夏·卡马拉塔：我家里并没有固定的使用数字媒体的时间限制，但我们会讨论每天有多少空闲时间、要做哪些事情。家庭作业、家务活、和家人聊天等都是排在第一位的，在剩下的时间里，孩子们可以使用数字媒体。在工作日，给孩子们使用新媒体的时间很少，但周末的时间会多一些。当然也有例外，比如孩子等了好久才拿到新游戏，那么他在第一次玩游戏时可以玩两个小时。如果你和孩子一起讨论、寻找方法，一定能很好地解决对新媒体使用过度控制或者缺少监管的问题。

卡蒂亚·赛德说过，这个年龄段的孩子由于生理原因很难自己主动按下关机键，甚至有时会出现攻击行为。认识到这一情况有助于我们更好地解决问题。父母可以在关机前十分钟就告诉孩子，以便他们能从中抽离出来。什么时候关机？什么时候结束游戏？孩子们很难在电视剧最精彩、游戏最紧张的时候放下电子设备。

问：孩子在什么年龄段适合使用什么数字媒体？

帕特里夏·卡马拉塔：这取决于孩子的发展，也和父母的看法和焦虑感受有关。我更喜欢游戏机，而不是手机App。在App里能进行内部购买，有些偶尔还会推送广告，以及有聊天功能；而游戏机在不联网的情况下，相对而言是一个孤立的系统，当然更安全一些。我推荐"3-6-9-12原则"，即孩子3岁以前不能使用数字媒体、6岁以前不能玩游戏机、9岁以前不能有自己的手机、12岁之前不能独自上网。

问：关于数字媒体这一主题，您还有什么其他建议吗？

帕特里夏·卡马拉塔：换牙期的孩子通常会兴高采烈地接受新鲜事物，因此我建议家长们多陪陪孩子。你们可以玩孩子们很喜欢的亲子游戏。当遇到了你也完全不了解的主题时，你可以和孩子一起探索研究，找到切入点。

后 记

祝愿你和孩子一起度过这段愉快的时光!

本书已经接近尾声,希望你已经获得了一些有用的建议。最重要的是希望你能少些焦虑,对与孩子共同度过这段美妙的时光多些期待。如果我们能学会理解处于换牙期的孩子,并能对他们的行为做出解释,生活会变得轻松许多。你也许已经知道了孩子偶尔生气、心烦意乱的原因是他们对这些变化感到不知所措。长大是一件奇妙而有趣的事情,但孩子们也会因此感到担忧:我真的能自己做好吗?如果不能怎么办?我可以再像小时候那样寻求爸爸妈妈的安慰吗?

孩子在上小学之前一定想知道,他们能交到朋友吗?老师和同学会认同他们吗?即将认识的人能接受甚至喜欢他们真实的性格吗?

这样做可以减少他们的担忧：接受孩子的存在，鼓励孩子，用认真的态度对待他们。当你想要了解孩子时，一定要表现出想要了解他们的认真态度。

因此，本书中有关沟通的第一部分内容非常重要，因为这是和孩子相处的基础。你是否能关注孩子，并且认真倾听他们的想法？你在做决定时有没有考虑到孩子的愿望和需求？我相信，如果你能反复地问自己这些问题，就一定不会出错。

希望我能够通过这本书让大家相信，我们作为父母的一些担心往往是根本没有必要的，只是令自己徒增烦恼和焦虑。我们要努力摆脱这些担忧，尤其不该在孩子面前表现得忧心忡忡。孩子们需要强大而有力的肩膀来依靠，紧张时需要父母给予勇气。家庭治疗师杰斯珀·尤尔（Jesper Juul）说过，父母的这些担心其实和孩子是没有太多关联的。他认为儿童都有自理的能力，父母不该把孩子们当作不能自理的人。对于这个时期的孩子，父母需要加以引导，并且父母就是孩子最好的榜样。

你的孩子已经不是那个还在蹒跚学步的"小不点儿"了，他们很快就会步入青春期。这也是个令人紧张的过程，他们的激素分泌会发生变化。我相信，只要我们能在孩子的换牙青春期明确发展方向，就能帮孩子顺利度过青春期。最重要的是要让孩子学会使用数字媒体、正确地了解自己的性别特征、与父母相互信任以及平等沟通。

此外我还想指出：父母常常重蹈覆辙，这没什么大不了的。我们不是机器，我们也会心情不好、会烦躁、会疲惫。我们要包容自己，因为教育孩子确实不是件容易的事情。我们每天都想尽可能地和孩子好好相处，但这是不可能的。如果我们把内心的价值观当作指南针，就能反思自己的行为，随时调整育儿的方向。

最后，我祝愿大家生活愉快，在和换牙期的小叛逆者们发生摩擦时也能保持理智和好心情，最重要的是享受和孩子相处的快乐时光！

劳拉

致 谢

靠自己一个人出版一本书是不可能的，因此我想表达自己诚挚的感谢：

感谢我三个亲爱的孩子：你们的存在是多么奇妙啊！如果没有他们，这本书就无法完成。在和他们的朝夕相处中我学到了很多，他们教会了我什么才是最重要的。欢笑、享受当下、在一起、分享爱……他们做得非常棒，感谢他们让我成为他们的妈妈。

感谢我的丈夫：没有你我就无法完成这一切。他的耐心、他的爱、他的安慰、他的鼓励让我在生活中每迈出一步都变得更加坚定和强大。做一个母亲对我来说并不容易，但多亏有他，我才能够尽我所能施展自己。谢谢他支持我的工作，这对我来说和呼吸一样重要。

致 谢

感谢我的妹妹，虽然我们时常意见相左，但我从这些碰撞中也收获颇丰：你是世界上最好的小姨！谢谢你给孩子们的爱和长时间的陪伴。

感谢我的爸爸妈妈：我无论何时都能信任和依靠你们。无论世界如何改变，家都是我最温暖的港湾。孩子们的健康成长也少不了他们的陪伴和帮忙。

感谢本书中提到的专家学者们，他们渊博的学识丰富了这本书的内容。

感谢互联网社区，感谢读者，感谢所有网友：如果没有你们，如果我没有博客账号，我就无法写出这本书。

最后，我还要感谢乌拉·内德博克（Ulla Nedebock）和丽莎·哈曼（Lisa Harmann），谢谢他们帮我联系了出版社。此外，我还想感谢非常友好的出版社项目主管，和他一起工作非常愉快。同时也感谢编辑贝里特·巴恩（Berit Barth）帮我润色了文章。